Unendliche Fluten der Liebe

Unendliche Fluten der Liebe

Swamini Krishnamrita Prana

Mata Amritanandamayi Center, San Ramon
Kalifornien, Vereinigte Staaten

Unendliche Fluten der Liebe
von Swamini Krishnamrita Prana

Veröffentlicht von:
  Mata Amritanandamayi Center
  P.O. Box 613
  San Ramon, CA 94583
  Vereinigte Staaten

––––––––––––––– *Torrential Love (German)* –––––––––––

Erstausgabe vom MA Center: September 2016

In Deutschland: www.amma.de

In der Schweiz: www.amma-schweiz.ch

In Indien:
  inform@amritapuri.org
  www.amritapuri.org

Wenn alles Land zu Papier würde,
und alle Meere zu Tinte,
und alle Wälder sich in
Schreibstifte verwandelten,
so reichten sie dennoch nicht aus
die Größe des Gurus zu beschreiben.

Kabir

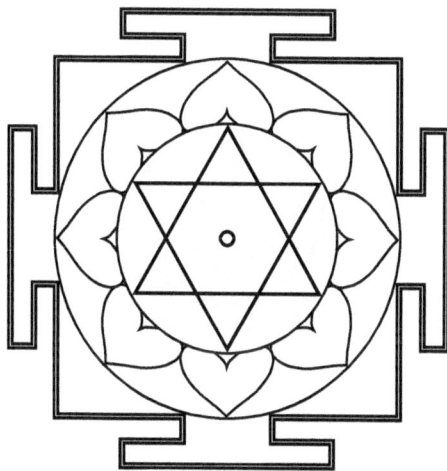

Inhalt

Einleitung

Ohne Liebe und Mitgefühl kann nichts in der Welt existieren. Alles Leben steht in der Schuld der Mahatmas – wegen der Liebe und des Mitgefühls, das sie über der gesamten Schöpfung ausgegossen haben.

Amma

Manche Heiligen werden geboren, um allein durch ihre Gegenwart ein Segen für die Welt zu sein. Einige von ihnen verbringen ihr Leben friedlich in tiefer Meditation versunken in abgeschiedenen Höhlen im Himalaja und empfangen nur diejenigen, die zufällig bei ihnen vorbei kommen.

Andere *Mahatmas* dagegen kommen ganz gezielt auf die Erde, um tatkräftig Leiden zu lindern, indem sie die Menschheit aufrichten. Eins mit dem göttlichen Bewusstsein, könnten diese selbstverwirklichten Seelen es auch vorziehen, in dieser höchsten Ebene des göttlichen Rausches eingetaucht zu bleiben und den Rest von uns einfach zu vergessen. Stattdessen steigen sie auf unsere Bewusstseinsebene herab und wollen unsere Not in die Erinnerung an unser wahres Wesen verwandeln. Wie kostbare Diamanten leben diese Mahatmas weder in verborgenen Höhlen noch in stillen Wäldern oder romantischen Bergen. Diese gütigen Seelen kommen zu uns wie der heilige Fluss Ganges, der selbst die dunkelsten Ecken der schmutzigen Städte durchströmt – in Eile, um die Vergessenen und Unterdrückten zu erreichen. Stets rein und unveränderlich wie dieser Fluss segnet ein Mahatma wie Amma mit ihrer reinigenden Berührung die gesamte Menschheit. Dem Fluss ist es egal, was die Leute mit seinem Wasser machen

– ob sie es verehren oder hinein spucken. Seine heilige Natur bleibt unverändert, einfach weil, er aus der Quelle hervor sprudelt.

Amma ist ein seltenes Juwel, das zu uns herabgestiegen ist, um uns behutsam in die Freiheit zu führen. Ihr Wesen fließt über von Mitgefühl, das sie an alle verströmt, mit denen sie in Berührung kommt. Mehr als 28 Millionen Mal hat sie die Menschen liebevoll getröstet – und ihre Umarmungen gehen weiter, strömen zu den Armen und Reichen, zu den Kranken und Gesunden. Sie kann nicht anders.

So wie das Wasser einer kühlen Bergquelle den Durst eines Sterbenden in der Wüste stillen könnte, so fließt die Liebe einer gottverwirklichten Seele, süßem Nektar gleich, zu uns, um die Leiden dieser sterblichen Existenz zu lindern.

Die Menschen, die zu Amma kommen, fragen nach vielen Dingen – Segen für ihre Gesundheit, ihre Familien, ihre Arbeit. Amma hilft ihnen bei diesen individuellen Bedürfnissen, während sie gleichzeitig betont: „Es gibt etwas auf der Welt, dem, wenn man es hat, alles andere nachfolgt – und das ist die Liebe". Amma lehrt:

„Liebe ist in jedem, selbst im grausamsten Menschen, aber die Meisten sind nicht fähig diese Liebe, die in uns gefangen liegt, zu teilen. Die große Mehrheit der Bevölkerung hat in der Kindheit nicht genug Liebe erfahren – vielleicht noch nicht mal im Mutterleib – und dieser Mangel an Liebe war zutiefst prägend. Jeder Mensch hat ein Recht auf unbegrenzte Fülle an Güte und Liebe. Wie viel wir auch aus diesem Brunnen schöpfen, er wird nie versiegen – je mehr Freundlichkeit und Liebe wir schenken, desto mehr wird sie sich ausweiten und größer werden."

Weil wir diese reine Liebe nicht erfahren haben, empfinden wir das Leben oft als unglaublich schwierig. Manchmal mag es uns so vorkommen, als seien wir in einem brennenden Gebäude gefangen – innerlich wie äußerlich brennend. Genau in diesem

Moment der Verzweiflung erscheint uns Ammas heilige Gegenwart wie eine kühlende Brise, um das Feuer zu löschen.

Ein kleiner Junge, der in Amritapuri lebt, folgt Amma manchmal zusammen mit vielen anderen dicht auf den Fersen. Obwohl er noch nicht einmal drei Jahre alt ist, versucht er, von der einen zur anderen Seite schwankend, mit ihr Schritt zu halten. Geduldig hilft ihm Amma immer wieder zurück auf den richtigen Weg, indem sie langsam hinter ihm her geht. Das Gleiche tut sie für uns – wenn wir vom rechten Pfad abweichen, leitet sie uns geduldig immer wieder in die richtige Richtung und lenkt uns sanft auf unser Ziel zu.

Wir befinden uns alle auf der gleichen Reise durch das Leben, vergessen aber manchmal wohin wir gehen wollten, doch Amma kommt immer wieder, um uns zu unserem endgültigen Ziel zu führen.

Ich werde oft gefragt, wie es ist mit Amma zu leben und mit ihr um die Welt zu reisen. Um ehrlich zu sein lässt sich das durch Worte nicht einfach ausdrücken. Durch ein so begrenztes Medium wie die Sprache ist es extrem schwierig, die tiefen Gefühle und Eindrücke zu vermitteln, die entstehen, wenn das Herz so tief berührt und geöffnet ist.

Das Einzige, was ich tun kann, ist zu versuchen, ein paar der wundervollen Juwelen zu teilen, die mir von Amma offenbart wurden. Jedes Wort, das sie spricht ist wie ein unbezahlbarer Schatz. Wenn uns solche Kostbarkeiten angeboten werden, wie könnten wir dann anderes tun, als die Hände auszustrecken, um diese Schönheiten, die uns Amma schenkt festzuhalten und sie mit anderen zu teilen.

Ich habe über die Hälfte meines Lebens mit Amma verbracht, und doch bleibt sie gänzlich jenseits meines Fassungsvermögens. Immer dann wenn ich meine, dass ich anfange, sie zu verstehen, beweist sie mir, dass ich völlig daneben liege. Gerade wenn ich mal wieder denke, dass ich einen weiteren der Schleier, die sie verhüllen, herunter gezogen habe, entdecke ich dahinter nur wieder viele neue.

Ich habe mich sehr darüber gefreut, dass mein erstes Buch *Sacred Journey* so vielen Menschen geholfen hat, eine engere Verbindung mit Amma zu spüren. Wenn es in diesem Leben das einzige Gute war, das ich getan habe – den Namen Ammas zu preisen – dann war es wert, das Buch geschrieben zu haben. Ich hoffe, dass sich die LeserInnen auch an diesem zweiten Buch, das ich Amma darbringe, erfreuen werden und letztendlich die mitreißende Liebe erfahren, die von dem strahlenden Juwel – von Amma – ausströmt.

Kapitel 1

Der Anfang

*Manche nennen es Amma, manche haben
andere Namen dafür. Aber es bleibt sich gleich,
unverändert und unberührt. Niemand kann
das Mysterium dieses Wesens durchdringen.*

Amma

Zu der Zeit als Amma geboren wurde, hatte sich die Lebensweise in dem kleinen Fischerdorf seit Jahrzehnten nicht verändert. Nur wenige Besucher und mit Sicherheit keine Fremden, hatten dieses Dorf bis dahin betreten. Ammas Mutter Damayanti war streng gläubig und verrichtete täglich traditionelle spirituelle Übungen und wiederholte immerzu Gottes Namen. Um drei Uhr früh stand sie auf, weckte ihre Kinder und pflückte dann Blumen, um einen Kranz daraus zu binden, den sie Gott während ihrer Andacht dar brachte. An bestimmten Tagen in der Woche fastete sie, um verschiedene Gottheiten damit zu ehren. Während der Schwangerschaft erzählte sie ihrem Mann, dass sie zum wiederholten Mal einen Traum von *Krishna* hatte, der in Form eines Lichts in sie einging, und dass dieses Licht alles um sie herum erleuchtete. Als sie *Sugunachan* davon erzählte, sagte er nur, dass daran ja wohl nichts Besonderes sei: „Weil du 20 Stunden am Tag *Mantren* rezitierst und immerzu an Gott denkst – was soll daran also verwunderlich sein?" Damayanti erwiderte, dass sie aber noch nie solche Träume gehabt hatte, obwohl sie schon einigen Kindern das Leben geschenkt hatte.

„Ich bin sicher, dass das Kind in mir etwas sehr Besonderes ist", sagte sie zu ihrem Mann. Wie auch immer, *Achan* glaubte ihr nicht. Stattdessen macht er sich lustig über sie und ging bald darauf schlafen.

Erstaunlicherweise hatte er in jener Nacht denselben Traum. Ammas Vater besuchte nur gelegentlich Tempel oder sprach Mantren, weswegen er nun doch ebenfalls überzeugt davon war, dass das Kind, das seine Frau trug irgendwie göttlich sein musste. Jeden Tag berührte er Damayantis Bauch und verneigte sich vor dem Kind in ihr. Später sagte er, dass ihr Bauch der reinste Platz der Welt sei, seit Amma darin herangewachsen war.

Schon von frühester Kindheit an bewies sie immer wieder, wie sehr sie sich von anderen Kindern unterschied. Erst wenige Monate alt, bestaunte sie eindringlich all die Fotos der Heiligen und verschiedenen Gottheiten, die die Wände der Wohnung schmückten. Ihr Vater sagte, dass sie die Fotos wie gebannt anstarrte und dann weinte, aber nicht so, wie andere Kinder weinen.

Als kleines Mädchen baute Amma Tempel aus Sand und versammelte die anderen Kinder um sich herum, um mit ihnen zu spielen und die Tempel zu verehren. In dem Dorf, in dem Amma aufwuchs, lernte niemand *Sanskrit*, aber Amma besaß dieses Wissen irgendwie und lehrte die anderen Kinder Sanskrit-Mantren. Niemand wusste etwas über Meditationspraxis oder meditierte gar selbst, dennoch tat Amma dies schon in ganz jungen Jahren. Ihre Familie dachte sie würde schlafen, obgleich sie sich schon fragten, wie sie in solch aufrechter Haltung schlafen konnte.

Als Amma ungefähr sieben Jahre alt war, weinte sie manchmal sehr intensiv und lange, verloren in ihrer eigenen Welt der Andacht und Sehnsucht nach Gott. Sie wollte an einen einsamen Ort gehen, sodass sie nach Gott weinen könnte, ohne von irgendjemandem gestört zu werden. Ihr Vater versuchte sie zu trösten und nahm sie auf seinen Arm. Sie bat ihn, sie doch in den Himalaja zu bringen. Er versprach ihr es und sagte, dass sie sich nun aber ein bisschen ausruhen müsste. An seine Schulter gelehnt, schlief sie ein, im kindlichen Glauben, dass er sie tatsächlich dort hinbringen würde. Als sie wieder aufwachte und sah, dass sie nicht im Himalaja war, fing sie erneut an zu weinen.

Amma besuchte eine Grundschule, die zehn Minuten zu Fuß von ihrem Elternhaus entfernt lag. Jeden Morgen machte sie sich mindestens eine Stunde früher als nötig auf den Schulweg, kam aber immer später als die anderen Kinder dort an und oft sogar zu spät. Eines Tages hatten die Lehrer von ihrer Bummelei genug und berichteten ihrem Vater davon. Sugunachan konnte das Verhalten seiner Tochter nicht erklären und begann heimlich nachzuforschen. Er fand heraus, dass Amma alle Armen, die entlang ihres Schulwegs wohnten, besuchte, um zu schauen, wie es ihnen geht und ihnen, wenn nötig zu helfen. Was immer sie im Elternhaus finden konnte, brachte sie zu diesen benachteiligten Menschen. Wenn sie danach gefragt wurde, was sie da weggegeben hatte, gestand sie anfänglich gar nichts und erst ganz zum Schluss gab sie Preis, was sie getan hatte.

Zu dieser Zeit zog ein alter Mann im Dorf herum. Er spielte auf einer kleinen Trommel und bettelte um Almosen. Amma nannte ihn „Vater", was ihre Familie verärgerte. Eines Tages hängte Ammas Vater seinen neuen *Dhoti* auf die Wäscheleine. Als er später zurückkam, um ihn abzuhängen, hing stattdessen ein alter Dhoti auf der Leine. Mehr als einmal fanden ihr Vater und ihr älterer Bruder alte Kleidungsstücke anstelle ihrer neuen auf der Wäscheleine vor. Sie hatten beide keine Ahnung, was los war, bis sie Amma eines Tages auf frischer Tat ertappten, als sie gerade wieder einmal dabei war, einen alten Dhoti des Bettlers gegen einen neuen ihres Vaters auszutauschen, woraufhin sie eine ordentliche Tracht Prügel bekam. Als Amma in der vierten Klasse war, hatte sie oft schreckliche Bauchschmerzen. Einmal waren sie so heftig, dass sie den Unterricht verlassen und nach Hause gehen musste. Die Schmerzen waren so stark, dass sie sich am Ende auf dem Boden wälzte. Ihr Vater begann sich Sorgen zu machen und holte einen Arzt aus dem Dorf von der anderen Seite der Backwaters. Er hatte Medikamente und Spritzen dabei. Als Amma die große Nadel sah, wollte sie auf keinen Fall eine Spritze bekommen. Ihr rebellisches Benehmen verärgerte ihren Vater, für den es nicht einfach gewesen war, den Arzt zu holen. Besorgt darüber, dass dieser verstimmt sein könnte, dass man ihn umsonst gerufen hatte, forderte er von ihr, wenigstens etwas von der Medizin zu nehmen. Amma war nur widerwillig einverstanden und schluckte eine große Tablette mit einem Schluck Wasser. Danach versicherte sie, dass es ihr wieder besser ginge und die Schmerzen verschwunden seien. Einige Stunden später ging sie zum Spielen nach draußen. Da entdeckte ihr Vater die feuchte Tablette, die Amma ausgespuckt und unter dem Bett versteckt hatte. Er schüttelte den Kopf und dachte bei sich, was sie doch für ein unverbesserliches Kind sei.

Zu jener Zeit war Ammas Vater oft zum Fischen unterwegs und wann immer er nach Hause kam, hatte ihm seine Frau eine lange Liste von Ammas neuesten Untaten vorzulegen. Einmal, als Amma sich schon schlafen gelegt hatte, beschwerte sich ihre Mutter im Flüsterton bei ihm über all die vermeintlich bösartigen Dinge, die sie wieder angestellt hatte. Da sagte Amma plötzlich laut und sehr bestimmt: „Ich bin nicht deine Schwiegertochter!"[1] Ihr Vater erinnert sich, dass sie anschließend sehr ernsthaft sagte: „Ich weiß alles!"

---

[1] Traditionellerweise werden Schwiegertöchter nicht mit dem gleichen Respekt wie die leiblichen Töchter behandelt.

Da er dachte, dass Amma meinte, alles zu wissen, was in ihrem Schulbuch steht, holte er dieses Buch, das nagelneu war und noch nach Druckerschwärze roch. Er forderte von Amma einen Beweis für das, was sie gerade gesagt hatte, woraufhin sie begann den gesamten Inhalt des Buches aufzusagen, zum absoluten Erstaunen ihres Vaters, der wusste, dass sie wahrscheinlich noch nicht einmal einen Blick hineingeworfen hatte. Er holte die Schulbücher von Ammas älterer Schwester, die in einer höheren Klasse war, und begann Amma noch weiter zu testen. Zu seiner großen Überraschung konnte Amma abermals alles wiedergeben, was in dem Buch stand.

Völlig überwältigt von dieser brillanten Leistung, beschlossen ihre Eltern, Amma eine gute Bildung zukommen zu lassen, was dann aber doch nicht geschah, weil ihre Mutter krank wurde und Amma nach der vierten Klasse den elterlichen Haushalt versorgen musste.

Obwohl Amma die Schule nicht mehr weiter besuchte, lernte sie doch einiges dazu, wenn sie ihren Geschwistern bei den Hausaufgaben half. Sie war auch dafür verantwortlich, dass diese rechtzeitig aufstanden, zur Schule gingen, zu essen bekamen und für alle anderen Tätigkeiten im Haushalt. Sie war sozusagen die Dienerin der Familie.

Täglich ging Amma einkaufen. Man gab ihr nur wenig Geld, erwartete aber, dass sie eine ganze Woche lang damit auskam. Auf diese Weise lernte Amma schon von Anfang an, den Wert der Dinge zu schätzen und wie man mit einem extrem schmalen Budget den Haushalt organisiert. Dieses Wissen half ihr später dabei, die unterschiedlichsten Aufgaben im Bereich Management und Organisation des Ashrams und verschiedener karitativer Institutionen zu bewältigen.

Das Dorf, in dem Amma aufwuchs, lag auf einem schmalen Landstreifen zwischen dem Arabischen Meer und den Backwaters,

umfasste ungefähr vier Hektar, auf denen ungefähr 100 sehr eng aneinander gebaute Hütten standen. Die Kinder spielten oft in der Nachbarschaft, ohne dass sich die Mütter Sorgen um sie machten, da es immer jemanden gab, der nach ihnen schaute. Mindestens die Hälfte des Jahres führten die sonst schlammigen Backwaters frisches, klares Wasser und die Kinder hatten viel Spaß dabei, darin zu plantschen und zu schwimmen. Sie kletterten auch auf die Bäume, um Mangos zu pflücken. Wenn der Wind stark wehte, rannten sie zu den Bäumen, stellten sich darunter und beteten inbrünstig, dass die kleineren Mangos herunterfallen würden.

Amma erinnert sich gerne an diese Zeit ihrer Kindheit. Erst kürzlich, nach Ende eines Darshan-Programms, als ein paar Kinder neben unserem Auto her rannten und dabei vergnügt quietschten, erzählte uns Amma, dass sie das an jene Zeit erinnern würde, als sie zusammen im Dorf spielten, umher rannten und Mangos suchten. Sie sagte, dass sie auch die Rufe und das Lachen der Kinder, die während der Darshan-Programme draußen spielen, manchmal an diese Zeiten erinnern würden.

Amma wurde oft in die Nachbarschaft geschickt, um Feuer zum Kochen oder für das Anzünden der Öllampe zu holen. Man benutzte damals keine Streichhölzer, sondern ging zu irgendeinem Nachbarn, bei dem der Ofen schon brannte. Ammas Mutter brachte ihr bei, dass sie dort zuerst das Geschirr abwaschen oder andere nötige Hausarbeiten verrichten solle, bevor sie das Feuer mitnahm – so achtsam waren sie damals im Umgang miteinander. Sie wussten nicht wirklich etwas über Spiritualität, aber das Sich-Kümmern um andere war ganz selbstverständlich und natürlich für sie.

Amma hatte keinen speziellen Lehrer, weswegen für sie einfach alles zur spirituellen Lektion wurde – sie lernte aus jeder Erfahrung, die das Leben ihr brachte.

Wenn der Wind ihre Haut streifte, empfand sie das als eine Umarmung von Gott. Amma erzählt, dass sie immer mit Mutter Natur gesprochen hat, ja sogar mit ihrem Kissen, mit einfach allem. Es gab nichts für sie, das nicht von göttlichem Bewusstsein erfüllt gewesen wäre.

Sie liebte es, am Ufer zu sitzen und das Meer als ihre Mutter zu betrachten. Sie saß oft dort und erzählte ihr alles, weil nur die See sie verstehen konnte. Manchmal nahm sie Brot und etwas zu Trinken mit, um es dem Meer zu opfern, nachdem sie dort meditiert hatte; sie wollte alles mit dem Meer teilen.

Als Kind sammelte Amma täglich Essensreste in der Nachbarschaft ein, um die Kühe ihrer Familie damit zu füttern. Dabei sah sie in vielen Häusern schreckliches Elend. Oft, wenn die Fischer mehrere Tage nichts fingen, mussten ihre Familien hungern. In jenen Tagen waren die Familien groß, zwölf Kinder waren keine Seltenheit. Manchmal sah Amma völlig verzweifelte Mütter mit ihren vor Hunger weinenden Kindern. Auch die Mütter weinten, weil sie nichts hatten, was sie ihnen zu essen geben konnten, während es in anderen Häusern mehr als genug gab. Diese ungleiche Verteilung brachte Amma oft durcheinander und ließ sie wütend weinen, über einen Gott, der dies zuließ. Aber sie vernahm die Antwort darauf in sich selbst, dass diese Menschen ihres *Karmas* zufolge litten, und obwohl das so war, es ihr *Dharma* sei Mitgefühl zu zeigen.

Es stellte sich für Amma nie die Frage, ob Gott wirklich existierte oder nicht. Für sie war die Frage: *Wie kann ich das allgegenwärtige Leiden lindern?* Angesichts dieses Elends wusste Amma schon in sehr jungen Jahren, dass ihr Leben als Geschenk an die Menschheit gedacht war. Amma sagt, dass sie bis zum Alter von 20 Jahren nie einen *Sannyasin* in ihrer Gegend gesehen hatte. Der einzige Tempel, den die Dorfbewohner manchmal besuchten, lag im 7 km entfernten Oachira. Zu einem bestimmten Feiertag nahm Ammas Vater seine acht Kinder immer dorthin mit. Diese alljährliche Pilgerfahrt war für sie das Größte.

Bis zum Alter von 19 Jahren war Amma nie weiter gereist als bis zu ihrer Großmutter, die 13 km entfernt wohnte. Mit 22 fuhr sie einmal 35 km bis nach Kollam, aber nicht weiter. Obwohl sie in ihrer Jugend nie weit gereist ist, verbringt Amma heute die meiste Zeit damit, kreuz und quer durch die Welt zu reisen, um überall, wohin sie kommt, Trost zu spenden und Freude zu schenken.

Kapitel 2

Jenseits von Religion

*Wir haben gelernt wie Vögel zu fliegen und
wie Fische zu schwimmen – aber die einfache
Kunst, wie Brüder und Schwestern miteinander
zu leben, haben wir nicht gelernt.*

Martin Luther King Jr.

Die Menschen fragen sich oft, wie Amma mit ihrer Art Darshan zu geben begonnen hat. Amma sagt dazu, dass es nie irgendwie geplant war, sondern spontan so begann, als Bewohner aus dem Dorf, wegen all der Probleme, die sie hatten, weinend, zu ihr kamen. Amma identifizierte sich aus tiefster Seele mit ihnen, teilte ihre Sorgen mit ihnen und versuchte sie zu trösten, damit es ihnen leichter ums Herz würde. Sie legte deren Kopf auf ihren Schoß, streichelte und umarmte sie, so wie eine Mutter ihr eigenes Kind trösten würde.

Die anderen Dorfbewohner, die ebenfalls Probleme hatten und die Zuneigung und Liebe sahen die Amma schenkte, beschwerten sich und verlangten ebenfalls nach Trost: „Sie hat die anderen umarmt, also soll sie auch mich umarmen!" Das Ergebnis war, dass Amma einen nach dem anderen zu trösten begann – und so entstand die Tradition ihres Darshans. Amma wurde zu einem unablässig strömenden Fluss der Liebe, der alle umfing, die Sorgen beladen zu ihr kamen.

Die Menschen in Ammas Dorf lebten in Hütten, deren Dächer mit Kokosblättern gedeckt waren. Mit der Zeit wurden diese dünner und es regnete hindurch, weshalb sie jedes Jahr vor dem Einsetzen des Monsuns neu gedeckt werden mussten. Aber nicht jeder konnte die 1000 Rupien für den neuen Belag aufbringen. Wer nicht genug Töpfe hatte, um das durchtropfende Wasser damit aufzufangen, musste nachts Regenschirme über die schlafenden Kinder halten.

Amma musste des Öfteren mit ihrem kränkelnden jüngeren Bruder ins örtliche Krankenhaus. Dort sah sie Menschen, die leiden mussten, weil sie sich keine Schmerzmittel leisten konnten. Die Möglichkeiten dort waren sehr begrenzt, und wegen mangelnder Stromversorgung wurden Instrumente manchmal nicht richtig sterilisiert und Nadeln mehrmals benutzt.

Das Krankenhaus verlangte von den Patienten, dass sie selbst ein Blatt Papier mitbringen sollten, auf das die Ärzte ihre Namen, Diagnosen und Rezepte schreiben konnten. Doch manche Patienten waren so arm, dass sie sich nicht einmal dieses eine Stück Papier leisten und sich somit auch nicht die benötigte Medizin von der Apotheke besorgen konnten.

Amma sah auch Familien, die sich nicht einmal das Papier leisten konnten, das die Kinder für die Schulprüfungen benötigten. Diese Kinder konnten mangels weniger Rupien nicht zur Schule gehen.

Oft riss Amma Seiten aus den Schulheften ihrer Schwestern heraus, um sie den Armen zu geben, damit diese ihre Medizin bekommen oder die Kinder ihre Schulaufgaben machen konnten. Als ihre Schwestern ihr auf die Schliche kamen, verprügelten sie Amma immer wieder, aber auch dadurch war sie nicht davon abzuhalten, den Bedürftigen zu helfen wann immer es ihr möglich war.

Amma hat in ihrer Kindheit viel Elend gesehen und wurde Zeugin großen Leids. Als der Amritapuri-Ashram 1983 als gemeinnützige Einrichtung offiziell registriert wurde, sagte sie deswegen: „Sperrt mich nicht, wie einen Papagei, in den Käfig. Macht aus dieser Einrichtung keinen Geschäftsbetrieb. Der Ashram soll offen sein für alle und eintreten für die leidende Menschheit." Von Anfang an, durch all die Jahre hindurch bis heute, wurde dieses Ideal durch Amma und alle, die in ihrem Dienst arbeiten, entschlossen und kompromisslos aufrecht erhalten.

Ammas Leben ist so inspirierend für die Menschen – selbst die Ärmsten der Armen drücken ihr beim Darshan eine Ein-Rupien-Münze in die Hand,, im Wissen darum, dass Amma sie für den Dienst an anderen verwenden wird. Sie können nicht mehr geben, aber auch sie wollen anderen helfen und sie wissen, dass Amma es an ihrer Stelle tut. Amma sagt, dass auch wenn ihre Gaben nur kleine Tropfen sind, sie alle zusammen am Ende doch einen Ozean ergeben.

Die großen Meister lehren an Hand von Beispielen aus dem weltlichen Leben und schlüsseln sie so auf, dass wir sie verstehen können – wie ein riesiges Stück Kandiszucker, das zerbrochen wurde und uns in kleinen Häppchen gegeben wird. Die höchste Wahrheit, wenn auch in ihrer Essenz extrem einfach, geht über unser Vorstellungsvermögen hinaus – unbegreiflich wegen ihrer Einfachheit.

Viele behaupten eine Menge über die Natur des Kandiszuckers zu wissen und haben viel darüber zu erzählen. Vielleicht haben sie sogar an ihm geleckt, aber seine ganze Süße haben sie noch nie erfahren. Sie können die ewigen Prinzipien nicht in das wahrhaft Wesentliche zerlegen, sodass wir es verdauen könnten. Nur ein erwachtes Wesen wie Amma kann dies für uns tun.

Nach hinduistischer Tradition zerbricht man vor dem Tempel Kokosnüsse, um damit das Zerbrechen des Egos zu symbolisieren.

Es bedeutet: „O Gott, ich versuche mein Ego zu deinen Füßen zu zerbrechen!" So wie die süße Kokosmilch aus der zerbrochenen Schale heraus fließt, so tritt auch die Freude zutage, wenn das Ego hingegeben wird.

Amma hat gesagt, dass alle Symbole im Hinduismus eine tiefe Bedeutung haben. Die äußere Symbolik verhilft uns dazu Konzentration zu erlangen und Disziplin zu entwickeln. Das *Vibhuti* zum Beispiel, das auf die Stirn aufgetragen wird hat medizinische Eigenschaften und ist gleichzeitig ein Symbol dafür, dass alles schlussendlich wieder zu Asche zerfallen wird und vergänglich ist. Die Poren der Hautzellen auf der Stirn, in denen sich besondere Nervenendigungen befinden, absorbieren die Asche. Ebenso symbolisiert das Anzünden des Kampfers und das Schwenken der Lampe während des *Aratis* die Entäußerung des Egos. So wie Kampfer rückstandslos verbrennt, so verbrennt auch unsere Individualität, wenn wir uns selbst darbringen, wenn wir unser Ego von ganzem Herzen darbringen.

Es wird oft nach der Verbindung zwischen Amma und dem Hinduismus gefragt. Weil sie damit aufgewachsen ist und seine innere Bedeutung vollständig verstanden hat, sagt Amma dass er segensreich ist für alle, die sich dafür interessieren. Amma zwingt niemandem die Anbetung von Göttern oder Göttinnen auf. Sie rät uns dazu, Gott in jedem zu sehen und jeden einzelnen Aspekt der Schöpfung zu verehren. Sie sagt immer wieder, dass der Schöpfer und die Schöpfung nicht zweierlei sind, sondern ein und dasselbe.

Während öffentlicher Programme in Indien versucht Amma in ihren *Satsangs* oft, die Menschen die wahre Bedeutung hinter Göttern und Göttinnen und die verschiedenen Begriffe des *Sanatana Dharma* zu lehren. Die meisten Menschen haben die Rituale blind übernommen, ohne ihre eigentliche Bedeutung verstanden zu haben. Amma erinnert sie daran zu versuchen, dem wahren Sinn ihrer eigenen Religion zu folgen. Es ist nicht nötig die Religion zu wechseln, vielmehr sollte man danach streben, die ihr zugrunde liegende Essenz zu verstehen.

Als wir eines Tages in London unterwegs waren, mussten wir ein Taxi von einem Terminal zum anderen nehmen. Als der Taxifahrer, afrikanischer Abstammung, unsere indische Kleidung sah, fragte er mich, welcher Religion wir angehörten. Ich lachte, weil das jedes Mal eine schwierig zu beantwortende Frage ist. In Bezug auf jemanden wie Amma, die völlig über die Grenzen jeglicher Religion hinaus gelangt ist und versucht uns zu lehren, das Gleiche zu tun, ist es irreführend zu sagen, wir seien Hindus, aber es ist nicht einfach dies anderen in verständlicher Weise zu erklären und auch noch zu erwarten, dass sie es verstehen.

Im Versuch, nicht in die Schublade einer bestimmten Religion gesteckt zu werden, erwiderte ich, dass unsere Religion die Liebe und der Dienst an der Menschheit sei. An seinem Gesichtsausdruck erkannte ich, dass er mit meiner Antwort nicht wirklich zufrieden war. Ich wusste, dass er einen Namen hören wollte mit dem er vertraut war, so sagte ich schließlich fügsam: „Hindu".

Zufrieden mit dieser Antwort fragte er dann, was unserer Ansicht nach geschieht, wenn wir sterben und wohin wir dann gehen. Amma antwortete ihm in Form einer Frage: „Wohin geht das Wasser, wenn es regnet?"

Der Taxifahrer dachte eine Weile nach und antwortete schließlich: „Es zirkuliert und kommt dann wieder zurück." Ja, genau! Er hatte es kapiert, er hatte seine eigene Frage beantwortet – und wir lachten alle.

Dann hatten wir unser Ziel auch schon erreicht und stiegen aus. Wir waren gerade dabei, das Gebäude zu betreten, als er uns mit nun erwachter spiritueller Neugier eine letzte Frage zurief: „Wo ist Gott?" Amma erwiderte, dass der Mensch ihn zerstückelt hatte und diese Stücke dann Religionen genannt hat.

Wenn wir die Zeitungen aufschlagen, lesen wir täglich auf der ganzen Welt von unfassbaren Gewaltverbrechen und Zerstörung. Im Namen der Religion werden Menschen ganz gezielt verletzt und getötet. Amma betont, dass eine große Anzahl von Menschen bereit ist, für ihre Religion zu sterben – aber wie viele von ihnen sind bereit, für ihre Religion und für die Reinheit der darin enthaltenen Essenz zu leben? Fast niemand, so scheint es. Wir tendieren dazu, lediglich die äußere Hülle von Religion zu betrachten. Wir sehen nicht tiefer hinein in das Wesen der Religion, welches Spiritualität ist. Aber wenn wir diese Essenz erst einmal annehmen und danach leben können, werden uns die Dinge in einem anderen Licht erscheinen. Der Mangel an spiritueller Erfahrung hat zu der Spaltung in der Gesellschaft geführt, die wir heute sehen.

Amma sagt, dass sich in der Haltung „Ich bin ein Hindu", „Ich bin ein Christ", „Ich bin ein Muslim", das kleine „Ich", das Ego, immer noch zeigt. Wir müssen uns bemühen, diese Haltung zu überwinden. Diese Suche nach dem wahren „Ich" führt uns zur Wahrheit. All unsere verschiedenen spirituellen Übungen machen wir nur mit dem Ziel, das „Ich", das Selbst zu erkennen.

Amma betont, dass es keinen Sinn ergibt, *Vedanta* nur zu studieren und darüber zu philosophieren. Wir müssen Vedanta leben und zeigen, dass er praktisch möglich ist. Wir sollten zum Beispiel lernen, in anderen uns selbst zu sehen und versuchen, ihnen zu helfen und sie aufrichten, damit alle in dieser Welt glücklich sind. Dies ist das spirituelle Prinzip, das dem Mantra *Lokah Samastah Sukhino Bhavantu* zu Grunde liegt – „Mögen alle Wesen in allen Welten glücklich sein."

Religion und Spiritualität sind die Mittel dazu, unsere Herzen zu öffnen und anderen gegenüber Liebe und Mitgefühl zum Ausdruck zu bringen. Doch aufgrund unseres falschen Verständnisses und unserer Selbstsucht, enden wir damit, sie zu missbrauchen,

und schaffen dadurch nur noch mehr Probleme. Der wahre Sinn des Lebens ist es, glücklich zu sein und wahren inneren Frieden zu finden, indem wir uns auf den gegenwärtigen Moment konzentrieren. Doch trotz all der Freiheiten, die der Mensch hat – wie ist es um den inneren Frieden bestellt? Die meisten Menschen leiden entsetzlich.

Amma muss uns regelmäßig daran erinnern, dass der einzige Weg zu wahrer und beständiger Freiheit der Weg nach innen ist. Wenn wir diese Freiheit gefunden haben, wird sie uns nie wieder verlassen – aber sie ist nur durch Spiritualität zu finden.

Amma sagt, dass man Liebe nicht in Worten erklären kann, weil sie die Ausdruckskraft der Worte übersteigt – sie kann nur erfahren werden. Ebenso wenig können wir das Geräusch von Donner und Regen erklären, wir müssen es hören und erleben. Wenn wir anfangen zu lieben, wird Liebe in uns erwachen und es gibt nicht mehr „zwei", sie werden zu „einem" vereint werden.

Unglücklicherweise bleiben die meisten Menschen unvereint. In der heutigen Welt gibt es eine Menge Aufruhr und Konflikte, wofür oft die Religion verantwortlich gemacht wird. Amma sagt, dass solche Anschuldigungen falsch seien. Es sind vielmehr die Fehlinterpretationen von Religion, die die Probleme verursachen, nicht die Spiritualität, die jeder Religion zugrunde liegt.

Ein Reporter war von einem Presseinterview mit Amma sehr beeindruckt. Er bemerkte, dass ihre Antworten, obgleich so einfach doch sehr tiefgründig waren. Ammas sagte dazu, dass sie zwar in einem Dorf aufgewachsen war und nichts studiert hatte – sie sich aber selbst erkannt hatte. Durch das Erkennen ihres Selbst verstand sie auch die anderen wahrhaftig, da wir keine isolierten Einheiten, sondern miteinander verbunden sind wie die Glieder einer Kette.

Wenn man einen Stein in den Teich wirft, setzen sich die entstehenden Wellen bis zum Rand fort und kommen von dort zur Mitte zurück. So ist es auch, wenn wir studieren – wir lernen so viel, aber schließlich müssen wir zurück zum Ausgangspunkt, um zu erkennen, dass wir in Wirklichkeit gar nichts wissen. Amma führt als Beispiel an, dass man nur einen kleinen Schlüssel benötigt, um ein Schloss zu öffnen. Wenn wir versuchen würden, andere Dinge hinein zu stecken, um es zu öffnen, würde es kaputt gehen. So ist auch die höchste Wahrheit eigentlich sehr einfach – nur wir sind es, die immer versuchen es komplizierter zu machen.

Es gibt viele Religionen – aber nur einen Gott. Das reine Bewusstsein kennt keine Kasten oder Glaubensbekenntnisse. Es gibt unzählige Wege, um zur Wahrheit zu gelangen, aber das Ziel ist ein und dasselbe. So gibt es eben auch verschiedene Übungen, um dasselbe Ziel zu erreichen.

Amma versucht nie jemanden zu irgendeiner Übung zu überreden, mit der er sich unwohl fühlen würde. Einfühlsam gibt sie Ratschläge gemäß der jeweiligen geistigen Verfassung und der Kultur des Suchenden. Diejenigen, die Christus verehren, erhalten ein Christus-Mantra, Gläubigen des Islam gibt sie ein Allah-Mantra und denjenigen wiederum, die das Formlose verehren ein anderes entsprechendes Mantra.

Als ein katastrophales Erdbeben im Oktober 2005 Kashmir erschütterte, wurden einige von Ammas Repräsentanten in die Grenzregion geschickt, um herauszufinden, wie man dort helfen könnte. Bevor sie aufbrachen, wies Amma sie an, nicht über Amma zu sprechen, wozu ja die meisten Devotees schnell geneigt sind. Stattdessen sollten sie einfach nur versuchen, die Menschen durch spirituelle Führung gemäß deren eigener Religion zu trösten. Nachdem Nahrungsmittel und Kleidung an die Bedürftigen verteilt worden waren, setzten sich die freiwilligen Helfer mit den Bewohnern, die ihre Häuser verloren hatten, zusammen, um mit ihnen zu singen. Die Lieder wurden mit Bedacht ausgewählt, damit es keine Konflikte mit den Muslimen geben würde. Das Singen öffnete wahrhaftig die Herzen der Menschen für eine Liebe, die alle Menschen umfasste und nicht auf eine einzige Religion begrenzt war.

Amma sagt, dass wir uns in einem Unglücksfall auf die Ebene der leidenden Menschen begeben und versuchen sollten eins mit ihnen zu werden, aber niemals sollten wir versuchen, jemanden von seiner Religion abzubringen. Wir sollten anderen dazu verhelfen, fester in ihrem Glauben zu werden, und entsprechend ihres eigenen Verständnisses und den eigenen Bräuchen nach Gott zu rufen.

Amma hat nie jemanden dazu aufgefordert, an sie zu glauben oder sie zu verehren. Sie hat uns nur dazu eingeladen, bessere Menschen zu werden und herauszufinden, wer wir wirklich sind. Die Wahrheit ist, dass wir nicht wirklich wissen, wer wir sind. Die meiste Zeit unseres Lebens bleiben wir unserem Selbst fremd. Eine verwirklichte Meisterin wie Amma kennt uns wirklich besser als wir uns selbst.

Kapitel 3

Ein vollkommener Meister

*Schon die Berührung oder der Blick eines Mahatmas
kann uns weit mehr nützen als ein zehnjähriges
Gelübde. Aber um das zu erfahren, müssen wir
unser Ego los werden und Vertrauen haben.*

Amma

Ammas Großmutter väterlicherseits war eine zutiefst gläubige Frau. Die meiste Zeit ihres Lebens verbrachte sie damit, Blumengirlanden für den *Kalari* zu binden. Wenn sie zum Darshan kam, neckte Amma sie liebevoll indem sie ihr Blumen in die großen Löcher ihrer Ohrläppchen steckte. Mit den Jahren wurde Ammas Großmutter vor ihrer göttlichen Enkelin wieder wie ein junges Mädchen.

Selbst mit über neunzig Jahren stand sie sehr früh am Morgen auf und wanderte um den Amritapuri-Ashram herum, um Blumen für den Kalari zu pflücken. Ihr Rücken war stark gekrümmt von Arthritis. Sie konnte sich nur sehr langsam bewegen, machte ihre Runde aber dennoch ohne Hilfe. Bis zwei Jahre vor ihrem Tod wärmte sie sich das Wasser für ihr tägliches Bad noch selbst. Nur ganz am Ende ihres Lebens wurde sie zu schwach, um sich selbst zu versorgen und wurde im Ashram-Krankenhaus aufgenommen, wo sie die letzten Tage ihres Lebens verbrachte.

Selbst als sie in einem halbbewussten Zustand im Krankenhaus lag, griffen ihre Hände noch immer nach dem Sari, um ihn in derselben Bewegung zu drehen, wie sie damals die Girlanden auffädelte. Weil sie dies über viele Jahre hinweg in den frühen Morgenstunden getan hatte, war diese Handlung so tief in ihrem Geist verankert, dass sie die Bewegungen selbst in diesem Bewusstseinszustand noch ausführen konnte. Lasst uns hoffen, dass wir wenigstens ein paar gute Angewohnheiten erworben haben, wenn wir alt geworden sind.

Die Zukunft liegt immer in unserer Hand. Der Buddha sagte einmal: „Du bist, was du warst, und du wirst sein, was du jetzt tust. Wenn du etwas über deine vergangenen Leben wissen willst, dann betrachte deine jetzige Situation. Wenn du etwas über deine Zukunft wissen willst, dann schaue dir deine gegenwärtigen Handlungen an."

Wenn wir uns um gute Gedanken bemühen, werden die schlechten allmählich verschwinden. Es ist wie mit einem Gefäß, das mit Meerwasser gefüllt ist. Wenn wir frisches Wasser hinzu gießen, wird das Wasser weniger salzig.

Wenn es in den Bergen schneit, dann haben wir den Eindruck, dass die wundervollen Schneeflocken recht harmlos seien. Doch wenn sie schmelzen, beginnen sie in einem gewaltigen Strom ins Tal zu fließen. Dieser Strom kann riesige Felsbrocken mit sich reißen, welche sogar uns hinwegzuschwemmen vermögen. In ähnlicher Weise könnten wir meinen, dass ein einzelner Gedanke unbedeutend ist, dass er keine Macht hat. Doch sobald dieser Gedanke stärker wird, kann daraus eine Handlung entstehen, die nicht wieder gutzumachenden Schaden anrichten kann. Wir müssen uns negativer Gedanken bewusst werden und versuchen, sie schon im Anfangsstadium, bevor sie wachsen und Schaden anrichten können, zu stoppen.

Solange wir uns mit Körper und Geist identifizieren, ist es notwendig, in irgendeiner Form ein diszipliniertes Leben zu führen. Diese Disziplin kann dabei helfen, Bewusstheit in unserem

Geist zu schaffen. Trotzdem bleibt es schwierig für uns, die *Vasanas* ganz alleine zu transzendieren. Deshalb brauchen wir die Hilfe eines vollendeten Meisters.

Amma sagt, dass wir uns wegen vergangener Handlungen keine Sorgen machen müssen. Wie ein Radiergummi jeden geschriebenen Fehler ausradieren kann, so kann ein Meister all unsere Fehler entfernen. Aber wir müssen darauf achten, dass wir dieselben Fehler nicht immer wiederholen. Wenn wir nämlich wieder und wieder an der gleichen Stelle schreiben und radieren, wird das Papier irgendwann einmal zerreißen. Wenn wir zu einem wahren Meister gefunden und wirkliche Hingabe erlangt haben, müssen wir uns um nichts mehr sorgen. Amma weiß, dass es schwierig ist, völlige Hingabe zu erlangen. Sie sagt, dass völlige Hingabe in Wirklichkeit Gottverwirklichung *ist*. Auch wenn es schwierig ist, absolute Hingabe zu erreichen, sollten wir uns wenigstens die größtmögliche Mühe geben. Die Fähigkeit, dies zu tun, hängt von der jeweiligen spirituellen Entwicklung des Einzelnen ab. Alles im Leben ist Gottes Schöpfung – ausgenommen unser Ego, das unsere eigene Schöpfung ist. Um das Ego zu entfernen, brauchen wir die Hilfe von jemandem außerhalb unserer eigenen Schöpfung. Wir brauchen einen vollendeten Meister. Allein der Guru kann den Schleier der Unwissenheit zerreißen.

Es wird gesagt, dass das Ego im Kopf sitzt, weswegen man sich in der Tradition des Sanatana Dharma vor dem Guru verneigt. Die Verneigung symbolisiert: „Ich gebe mein Ego zu deinen Füßen hin, damit deine göttliche Gnade von deinen Füßen fließen möge, um mein erdrückendes Ego fort zu waschen." Das ist die Haltung, die wir haben sollten, wenn wir uns vor dem Guru verneigen. Der einzige Weg all die Gedanken und all die Verwirrung in unserem Geist los zu werden ist es, die Haltung wahrer Hingabe zu entwickeln.

Es ist nur zu unserem eigenen Vorteil, wenn wir zu einem spirituellen Meister kommen. Da ist nichts, was er durch uns gewinnen könnte – es ist genau umgekehrt.

Viele verstehen nicht, warum der Versuch sich dem Meister hinzugeben, so unerlässlich ist. Sie fragen: „Warum ist das nötig? Raubt uns das nicht unsere Freiheit?"

Wenn Menschen das Wort „Hingabe" hören, meinen sie, es bedeute niederzuknien, alles herzugeben, was sie besitzen und ihren Kontostand auf Null zu bringen. Aber Amma sagt, dass dies nicht damit gemeint ist. Wahre Hingabe bedeutet, den inneren Kontostand auf Null zu bringen, indem wir alles, was wir in uns tragen, dar bringen. Wahre Hingabe ist die Hingabe unserer Herzen. Indem wir uns in Demut neigen, werden wir erhoben.

In Nordindien lebte einmal ein großer Sufi-Heiliger, der dafür bekannt war, den Menschen ihre Wünsche zu erfüllen. Ein armer alter Mann, der in einem Dorf lebte, musste die Hochzeit seiner Tochter arrangieren, wofür er jedoch kein Geld hatte. Er hatte von dem Heiligen gehört und beschloss, sich auf den Weg zu ihm zu machen.

Als er die Behausung des Heiligen erreichte, ging er zu ihm und fragte, ob er ihm helfen könnte, die Hochzeit seiner Tochter auszurichten. Der Heilige war sehr betroffen und antwortete: „Ich habe heute nichts was ich dir geben könnte, aber gib mir zwei Wochen Zeit, dann werde ich etwas für dich tun können." Der alte Mann ging glücklich nach Hause. Zwei Wochen später kam er zurück. Wieder näherte er sich dem Heiligen und erinnerte ihn an das Versprechen, das er ihm gegeben hatte. Da sagte der Heilige: „Oh, du bist es wieder. Ich habe gar nicht mehr daran gedacht. Wenn du in zwei Wochen wiederkommen kannst, werde ich mit Sicherheit etwas für dich arrangieren können." Also ging der arme alte Mann abermals nach Hause.

Zwei weitere Wochen verstrichen und an dem vorgesehenen Tag ging er wieder zu dem Heiligen, um ihn um seine Hilfe zu bitten. Geduldig wartete er, bis er an der Reihe war und näherte sich ihm dann erneut. Dieser sagte: "Oh, du bist es. Ich habe dich schon wieder vergessen. Es tut mir wirklich leid, aber ich habe wirklich gar nichts, was ich dir anbieten könnte – alles was ich habe, sind diese hölzernen Sandalen. Er zog sie aus und gab sie ihm. Der arme Mann war untröstlich, nahm sie jedoch schweigend an, drehte sich um und ging.

Traurig dachte er bei sich: *O Gott, alles was ich wollte war ein wenig Hilfe für die Hochzeit meiner Tochter. Doch schau, was der Heilige mir gegeben hat, ein Paar alte Holzpantoffeln. Aber ich bin ja selbst daran schuld, ich hätte ihn mit meinen Wünschen nicht belästigen sollen. Er besitzt ja auch nichts, was hätte er mir also geben sollen? Ob es mein Schicksal ist, an Armut zu leiden?*

Stille Tränen vergießend begann er, die Holzsandalen an sein Herz gedrückt, in Richtung seines Dorfes zu wandern.

Zur gleichen Zeit war ein sehr wohlhabender Mann, der einer der engsten Schüler des Heiligen war, auf dem Weg zu seinem Meister. Er war gerade dabei, mit seinem gesamten Geschäftsbetrieb und seinem Besitz umzuziehen, um sich zu Füßen dieses großen Heiligen niederzulassen. Er reiste auf einem Elefanten, begleitet von einer Horde von Kamelen, die mit all seinem Reichtum beladen waren.

Als sie eben die Stadt erreichten, wurde er plötzlich des Geruchs seines Gurus gewahr. Er konnte seine göttliche Gegenwart irgendwo in der Nähe spüren. Er hielt den Elefanten an, begann herum zu schnuppern und fragte die Mitreisenden, ob sie dies auch riechen würden. Woher das wohl kommen mag? Seine Freunde sagten, dass sie nichts Besonderes riechen könnten, doch der Mann bestand darauf: „Doch, doch, ich habe das

36

Gefühl, dass mein Meister ganz in der Nähe ist. Ich spüre sein göttliches Wesen."

Er schaute sich um, konnte aber niemanden sehen außer einem alten Mann, der aus einiger Entfernung auf ihn zu kam. Er bat jemanden, ihn zu rufen. Als der alte Mann ihn erreicht hatte, wurde der Geruch immer stärker. Er fragte ihn: „Woher kommst du? Wohin gehst du? Und was trägst du da bei dir?"

Der alte Mann erzählte ihm seine traurige Geschichte und sagte: „Ich habe diesen armen Heiligen belästigt, der selbst nichts hatte. Alles was er mir geben konnte, waren seine eigenen Sandalen." Der Schüler war plötzlich sehr aufgeregt, „Du trägst die Sandalen meines Gurus bei dir? Ich muss sie haben – was willst du dafür?"

Der alte Mann war fassungslos und sagte: „Ich wollte nur ein bisschen Unterstützung für die Hochzeit meiner Tochter." Der Schüler entgegnete sofort: „Nimm all diese Kamele mit meinem Besitz und gib mir dafür sofort die Sandalen meines Gurus. Sie sind der wahre Reichtum, den ich will!"

Der Mann antwortete: „Aber ich brauche gar nicht so viel, nur genug, um meine Tochter zu verheiraten."

Doch der Schüler bestand darauf: „Nein, du musst alles nehmen! Ich werde für die Sandalen meines Gurus mit nichts weniger zufrieden sein."

Als der alte Mann ihm die Sandalen überreichte, hielt er sie auf seinen Kopf und begann freudetrunken zu tanzen. Dann rannte er barfuß zu seinem Meister, der vor seiner Behausung saß, als warte er schon auf ihn. Der Schüler verneigte sich vor seinem Guru und schob ihm behutsam die Holzsandalen unter die Füße. Dieser fragte ihn lächelnd: „Was hast du dafür bezahlt?"

Mit Tränen in den Augen sagte er: „Meister, ich habe alles für sie gegeben, was ich besaß."

Der Guru erwiderte: „Selbst damit hast du sie sehr, sehr billig bekommen.“

Während wir nur davon träumen, was wir vom Leben bekommen können, träumen vollendete Meister wie Amma nur davon, was sie der Welt geben können. Ammas einziger Wunsch ist es, bis zu ihrem letzten Atemzug die Welt mit Liebe zu erfüllen.

Es ist das Verständnis des Wesens der Welt und der Dinge, sowie der dem entsprechenden Lebensweise, was wirklich mit wahrer Hingabe gemeint ist, erklärt Amma. Manche bekommen Angst, wenn sie das Wort „Hingabe“ hören, deswegen schlägt sie vor, dass wir stattdessen das Wort „Akzeptanz“ oder „Annahme“ benutzen sollten.

Als eine kleine Gruppe von Leuten einmal mit Amma spazieren ging, sahen sie die abgestreifte Haut einer Schlange am Wegesrand liegen. Einer der Jungen fragte Amma: „Warum müssen die Schlangen ihre Haut verlieren?“ Ihre Antwort war voller Weisheit: „Würden die Schlangen ihre Haut nicht abstreifen, so könnten sie nicht wachsen und sie würden in ihrer alten Haut ersticken. Sohn, auch du musst deine alte Haut abstreifen, um zu wachsen.

Im spirituellen Leben gibt es keinen Rückschritt. Spiritueller Fortschritt, den wir im Leben erlangen, bleibt immer bestehen. Auch wenn wir unsere spirituellen Übungen eine Weile nicht machen – wenn wir wieder damit beginnen, machen wir genau dort weiter, wo wir aufgehört haben – unser Verdienst bleibt erhalten. Es ist wie mit einem Sparbuch: wenn wir etwas einzahlen erhöht sich unser Guthaben, aber es verringert sich nie und verschwindet auch nicht. Unsere Bemühungen, mehr zu erlangen, sind also nie vergebens. Von unserer Seite her sollten wir die Geduld entwickeln, uns immer mehr anzustrengen, unsere Bestrebungen in die Richtung zu lenken, die uns hilft, die Wahrheit zu erfahren.

Ein vollkommener Meister lehrt uns alles anzunehmen, was im Leben geschieht. Er hilft uns dabei, dankbar zu sein für beides: Gutes und Schlechtes, Richtiges und Falsches, Freund und Feind, für die, die uns verletzen und für die, die uns helfen, für die, die uns einsperren und für die, die uns freilassen. Der Meister hilft uns, sowohl die dunkle Vergangenheit als auch eine leuchtende Zukunft mit tausend Versprechungen zu vergessen. Er hilft uns, im gegenwärtigen Moment in seiner ganzen Vollkommenheit zu leben. Er lässt uns erleben, dass die ganze Schöpfung – alles und jeder, selbst unser Feind – uns dabei hilft, uns zu entwickeln und Vollkommenheit zu erlangen.

Alle bedeutenden Menschen haben extreme Schwierigkeiten durchlebt. Galileo war einer der berühmtesten Astronomen. Er erblindete vier Jahre vor seinem Tod. Doch selbst in der dunkelsten Stunde konnte er immer noch sagen: „Wenn es Gott so gefällt, dann soll es auch mir gefallen." Er war so hingegeben, dass er seine wissenschaftlichen Experimente selbst nach seiner Erblindung noch fortsetzte.

Albert Einstein hatte eine Lernschwäche und begann erst mit drei Jahren zu sprechen. In der Schule tat er sich schwer in Mathematik. Doch er überwand dieses Hindernis und wurde zu einem der größten Mathematiker der Welt.

Auch George Washington hatte eine Lernbehinderung und war nicht besonders begabt, was Schreiben und Grammatik anging. Trotz dieser Hürden besiegte er seine Schwächen und wurde zu einer der bedeutendsten Persönlichkeiten der Geschichte.

In der heutigen Zeit ist es der Wissenschaftler Stephan Hawking, der es trotz seiner unglaublichen körperlichen Einschränkungen geschafft hat, einige der weltbekanntesten populärwissenschaftlichen Schriften zu verfassen. Auf Grund einer fortschreitenden Erkrankung des Nervensystems ist er auf den

Rollstuhl angewiesen und kann weder sprechen noch schreiben. Trotz dieses körperlichen Zustandes hat er sich eingehend mit der Enthüllung der Geheimnisse des Universums beschäftigt und bedeutende Arbeiten zur Kosmologie verfasst.

Jeder von uns wird auf dem spirituellen Weg Schwierigkeiten begegnen. Amma wurde einmal gefragt: Wie können wir unser Vertrauen und unseren Glauben in schwierigen Zeiten stärken?" Amma entgegnete:

„Wenn du echten Glauben hast, dann wirst du ihn nicht verlieren. Wir allein gewinnen durch den Glauben an Gott. Gott hat nichts zu verlieren. Wenn die Zeiten schwierig sind, sollten wir uns fest an Gottes Füße klammern. Wenn wir Gott lieben, sollten wir nichts erwarten. Nur durch Hingabe werden wir in der Lage sein, Gott zu erfahren. Wir müssen tief nach innen tauchen, die Gedanken in unserem Geist verstehen und beobachten, wohin sie uns führen."

Wenn wir spirituelle Prinzipien in unser Leben übernehmen, werden wir – egal in welche Situationen wir geraten – fähig sein, diese in einem positiven Licht zu sehen. Indem wir Herausforderungen ins Gesicht schauen, werden wir die Stärke entwickeln jede Art von Prüfung bewältigen zu können.

Ein vier Jahre alter, schwerhöriger Junge kam einmal mit folgender Mitteilung von der Schule nach Hause: „Ihr Tommy ist einfach zu dumm zum Lernen, nehmen Sie ihn von der Schule." Seine Mutter las die vernichtende Notiz und antwortete dem Lehrer: „Er ist nicht zu dumm zum Lernen, ich werde ihn selbst unterrichten." Sie nahm ihn sofort von der Schule und unterrichtete ihn liebevoll und geduldig zu Hause. Dieser Junge, von dem man annahm, man könne ihm nichts beibringen, besuchte nur drei Monate lang die Schule. Sein Name war Thomas Alva Edison.

Wenn der Guru etwas sagt, sollten wir verstehen, dass es zu unserem Besten ist. Manchmal haben wir den Eindruck, dass es nicht besonders logisch klingt oder nicht sonderlich hilfreich ist, weil es unbedeutsam erscheint oder für uns momentan keinen Sinn macht. Wenn Amma uns einen spirituellen Ratschlag erteilt oder uns vor etwas warnt, sollten wir uns daran erinnern, dass es, wenn auch nicht heute, so doch vielleicht morgen Bedeutung haben kann.

Amma erzählte uns einmal von einem Mann, bei dem sie das Gefühl hatte, dass mit seinem Herzen etwas nicht in Ordnung war. Sie schlug vor, er solle sich von einem Arzt untersuchen lassen, doch er lehnte ab. Sechs Monate später starb er an einem Herzinfarkt.

Zu anderer Gelegenheit riet Amma ebenfalls jemandem, sein Herz untersuchen zu lassen. Dieser antwortete ihr, dass er das in England gerade getan hatte, doch die Ärzte hätten nichts gefunden. Trotzdem bestand Amma darauf, es noch einmal untersuchen zu lassen. Das tat er und diesmal fanden sie heraus, dass er an Herzrhythmusstörungen litt. Wenn Amma etwas sagt, hat es immer einen Sinn.

Die Worte eines Mahatmas werden sich immer bewahrheiten, dies hat sich schon so oft in meinem Leben bewiesen.

In den Anfangsjahren hatte Amma immer ein Auge auf die Küche, da sie wusste, dass es der Platz war, an dem wir uns wahrscheinlich am liebsten aufhielten. Sie sagte zu mir, dass selbst ich eines Tages in der Küche werde arbeiten müssen. Nun, der eine Tag kam wirklich.

Alle Ashrambewohner wollten zu Amma nach Kodungallur, wo sie den ersten Brahmasthanam-Tempel eingeweiht hatte, jeder wollte also unbedingt am Programm dort teilnehmen.

Das Mädchen im Ashram, das für gewöhnlich das Essen für alle kochte, wollte auch unbedingt mit dorthin. Also bot ich mich freiwillig an, für einen Tag zu kochen, damit sie sich frei nehmen konnte. Ich hatte noch nie zuvor ganz alleine indisch gekocht, doch es hatte immer so einfach ausgesehen. Auf meinem Speiseplan standen Reis, Spinat und *Pulicheri*.

Voller Begeisterung machte ich mich ans Werk, musste aber schon bald erstaunt feststellen, dass Unmengen von Spinat geschnitten werden mussten, um auch nur eine einzige Portion herauszubekommen, weil der ganze Haufen zu fast nichts zusammenkochte. Ich musste also viel länger mit Spinat schnippeln verbringen, als ich eigentlich geplant hatte. Das Pulicheri war nicht sonderlich schwierig, aber ich schaffte es trotzdem nicht, die richtige Menge Reis für alle zu kochen. Es endete damit, dass ich an diesem Tag noch drei Mal Reis nachkochen musste, um all die Bauarbeiter und Bewohner des Ashrams satt zu bekommen.

Als meine dritte Ladung Reis fertig gekocht war und abgegossen werden musste, kam einer der Brahmacharis, um mir zu helfen. Er begann damit, den Reis abzugießen, als er plötzlich empfand, dass es zu heiß für ihn wurde, den Topf zu halten. Er schrie auf, weil er sich den Arm an dem heißen Metall verbrannt hatte und ließ den ganzen Topf mit Reis in die Abflussrinne fallen. Wenig mitfühlend jagte ich ihn aus der Küche und verbot ihm, nochmal zu kommen, um mir helfen zu wollen. Nachdem ich gerettet hatte, was noch zu retten war, begann ich widerwillig damit, eine neue Ladung Reis zu kochen.

Das Mittagessen hatte ich also überlebt und die Verteilung des Abendessens schien mir eher einfacher zu werden. Eine Devotee hatte Essen von zu Hause mitgebracht – allerdings waren noch einige neue Leute angekommen und noch einmal stellte sich heraus, dass nicht genug für alle da war.

Eine andere Westlerin, die mir bei der Essensausgabe half, sah dass es nicht genug war und drängte darauf, dass wir uns unseren Anteil vorher nehmen sollten. Ich sagte ihr, dass wir das nicht tun könnten, weil die Köche sich immer zuletzt nehmen sollten und auch nur, falls genug übrig bliebe.

Es stellte sich heraus, dass nicht für alle genug zu Essen da war und dem Mädchen gefiel es überhaupt nicht, dass ich darauf bestanden hatte, dass wir erst zum Schluss essen sollten. Am Ende blieben wir hungrig zurück. Später schrieb sie mir einen Brief und bedankte sich für das, was sie an diesem Tag gelernt hatte und erst später schätzen konnte. Überflüssig zu sagen, dass ich hocherfreut war, als die Köchin zurück kam, um ihre Arbeit wieder zu übernehmen – ich glaube, auch alle anderen waren darüber erleichtert.

Nun, Ammas Worte hatten sich wieder einmal bestätigt, als sie sagte, dass ich eines Tages das Essen kochen müsste – und zum Glück für alle nur an einem einzigen Tag!

Kapitel 4

Brücke zur Freiheit

*Gerade als die Raupe dachte, dass das Leben vorbei
sei, verwandelte sie sich in einen Schmetterling.*

Edward Teller

Man sagt, dass der spirituelle Meister immer zum richtigen Zeitpunkt zu uns kommt, wir müssen uns gar nicht selbst auf die Suche begeben. Wenn wir für spirituelle Führung reif sind, wird der Meister in unserem Leben erscheinen. Für jeden ist diese erste Begegnung besonders und einzigartig.

Es gibt viele interessante Geschichten darüber, wie die Menschen zu Amma gefunden haben. Ich hörte von einem Mann, der in Sydney zufällig an jenem Gebäude vorbei lief, in dem gerade Ammas Programm stattfand. Er sah die Berge von Schuhen vor der Halle stehen und dachte, dass es dort einen Räumungsverkauf gäbe und ging hinein, um ein paar zu ergattern. Als er merkte, dass sich das Programm keineswegs um Schuhe drehte, war er ein bisschen enttäuscht, steckte sich aber trotzdem ein Programmheft in die Hosentasche und machte sich auf den Heimweg.

Später am selben Tag fiel seiner Frau das Programmheft in die Hände, die gerade dabei war, die Wäsche zu waschen. Als sie es las, wurde sie so neugierig auf Amma, dass sie beschloss zum Darshan zu gehen – und wurde von da an zu einer Devotee.

Ein anderer Mann brachte seinen Freund mit zu Amma. Beide waren Schüler von Neem Karoli Baba, der schon seit vielen

Jahren tot war. Nach dem Darshan fragte er seinen Freund: „Und, was hältst du von Amma?"

Er erwiderte: „Sie ist ganz in Ordnung, aber sie ist nicht wie unser alter Meister."

Sie setzten sich in Ammas Nähe. In diesem Moment nahm Amma eine Banane und warf sie nach ihnen. Genau das hatte ihr alter Meister auch immer getan. Sie änderten ihre Meinung über Amma sehr schnell.

Eine Frau schrieb mir vor kurzem in einem E-Mail von einigen ihrer älteren Freunde, die sie überredet hatte, sie zu Ammas Programm zu begleiten. Sie hatten nur zögerlich eingewilligt mitzukommen, waren ihr später aber unendlich dankbar dafür. Bei ein paar Tassen Tee diskutierten sie darüber, was sie von der Begegnung mit Amma mit nach Hause genommen hatten. Der älteste unter ihnen, ein 89-jähriger Mann sagte, dass er in Amma gefunden hätte, wonach er sein ganzes Leben lang gesucht hatte… *wahre* Liebe. Seine 70-jährige Frau bekannte, dass sie endlich ein Gefühl von Frieden und Zufriedenheit gefunden hatte. Sie hatte begonnen, regelmäßig Ammas Meditationstechnik zu praktizieren und verkündete stolz, dass sie nicht einen Tag ausgelassen habe, seit sie diese erlernt hatte.

Eine New Yorkerin erzählte mir ihre Geschichte, wie sie von Amma gehört hatte. Sie traf einen Obdachlosen, der voller Begeisterung darauf bestand, dass sie Ammas Darshan haben müsse. Sein einziger Besitz war eine Gitarre gewesen, die ihm aber gestohlen wurde, worüber er sehr bestürzt war. Er ging zu Amma, vertraute ihr seinen Kummer an und bekam seine Gitarre erstaunlicherweise zurück. Er war voll des Lobes für Amma und erzählte den Menschen, wie wundervoll sie sei. Die Frau, die uns das erzählte, betonte, dass es allein seine begeisterten Worte waren, die sie veranlasst hatten, zu Amma zu gehen.

Wohin auf der Welt Amma auch geht, immer will sie die Herzen der Menschen erreichen und öffnen. Niemals zwingt sie irgendjemanden, zu ihr zu kommen – die Menschen fühlen sich spontan von ihr angezogen und verspüren vielleicht nach einiger Zeit, wie die Liebe in ihnen zu wachsen beginnt.

Die grob aussehenden Türsteher, die während eines Programms in New York Dienst hatten, schauten alle etwas milder, als sie Amma sahen. Am letzten Tag sagte einer von ihnen: „Sagt eurer Chefin, sie soll wenigstens eine Woche länger bleiben, wir brauchen sie hier wirklich."

Am letzten Tag des Programms sprach mich der Wachmann eines Hotels in Los Angeles an. Sein Blick war verschleiert, als er sagte: „Ich werde euch wirklich vermissen, wenn ihr geht; *give me a hug*." Da ich nun mal ein Ordensmitglied bin, wich ich ihm rasch aus und erwiderte, dass wir den Platz auch vermissen würden und dann noch, dass *ich* nicht diejenige wäre, die die Umarmungen verteilt!

Jedes Jahr vor der USA-Tour empfängt Amma die Ashrambewohner für gewöhnlich in ihrem Zimmer. Bei dieser Begegnung bekommen sie die Gelegenheit ganz privat mit Amma zu sprechen. Für die Meisten ist es das Highlight des Jahres, mit Amma allein dazusitzen und zu sprechen, worüber sie wollen. Auch wenn es nur ein paar Minuten sind, sehnen sie sich das ganze Jahr danach.

2006 bezweifelte ich, dass es Amma möglich sein würde, allen Ashrambewohnern ein privates Interview zu geben. In diesem Jahr waren wir neun Monate lang unterwegs. Vom südlichen bis zum nördlichen Ende Indiens, zwei Monate lang über mit Schlaglöchern übersäte Straßen – eine Karawane von sieben Bussen und diversen anderen Fahrzeugen. Von dort weiter nach Australien, Singapur und Malaysia. Dann für drei Tage zurück in den Ashram, von wo aus wir uns für zwei Tage nach New York

aufmachten. In derselben Nacht, in der wir nach Indien zurückkamen, gab Amma ein riesiges öffentliches Programm. Es gibt
Leute, die sich Gedanken über Jet-Lags machen – wir haben nicht
einmal die Zeit dafür, an Jet-Lags zu denken. Danach brachen
wir für eine weitere Südindien-Reise auf. Amma war anschließend
nur wenige Tage lang – vor Beginn der USA-Tour – wieder in
Amritapuri. Am Ende waren wir in der ersten Jahreshälfte gerade
einmal zwei Wochen im Ashram.

Unser Reisezeitplan hatte uns so lange vom Ashram fern
gehalten, dass ich mir nicht vorstellen konnte, wie Amma in nur
vier Tagen, all die privaten Darshans geben wollte.

Bei über 3000 Bewohnern im Ashram schien es einfach
unmöglich und ich dachte, dass sie diese Darshans mit Sicherheit absagen würde. Wenn ich gefragt wurde, sagte ich, dass sie
nicht damit rechnen sollten, Amma jetzt zu sehen – wie auch,
bei diesen Massen – vielleicht später im Jahr. Doch das Nächste,
das ich erfuhr war, dass Amma schon mit dem Zimmer-Darshan
begonnen hatte.

In ihrer typischen Art begann sie die Darshans spät in der
Nacht, nachdem sie von öffentlichen Programmen zurückge-
kehrt war, bei denen sie mindestens 100.000 Menschen Darshan
gegeben hatte.

Die ganze Nacht über blieb sie wach, um jeden einzeln zu
sehen. Amma ist es gewöhnt, die ganze Nacht wach zu sein, aber
das hier tat sie in ihrer „Freizeit". Nachdem sie alle Bewohner
gesehen hatte, schaffte es Amma immer noch, all denen Darshan zu geben, die in verschiedenen Zweigen des Ashrams lebten
– Leute, die in ihren Schulen oder Devotees, die im AIMS oder
anderen Einrichtungen arbeiten.

Ich war schockiert, als ich hörte, dass Amma zu all dem
plötzlich auch noch einen öffentlichen Darshan ankündigte,
einen Tag bevor wir zur USA-Tour aufbrachen! Wenn man erst

einmal Tausende von Leuten eingeladen hat, gehen sie ja auch nicht direkt danach wieder. Ich dachte, dass das nun wirklich eindeutig zu viel sei, aber Amma war glücklich über eine neue Gelegenheit, ihr Größtmögliches zu geben. Am Tag, der eigentlich als Ruhetag vor der Reise gedacht war, gab sie ohne Unterbrechung 15 Stunden lang Darshan. Das Programm endete in den frühen Morgenstunden. Am Nachmittag desselben Tages brachen wir dann zum Flughafen auf wo es, wie gewöhnlich, auch wieder eine Darshan-Session gab.

Während einige von uns auf der Fahrt durch Sri Lanka versuchten, endlich etwas Schlaf nachzuholen, verbrachte Amma die meiste Zeit mit den Brahmacharis, die hier mit dem Häuserbau für die Tsunami-Opfer betraut waren. Amma leitete sie in ihrer Arbeit an und gab ihnen die Möglichkeit mit ihr zusammen zu sein, so wie zuvor all jenen in Amritapuri. Es erstaunt mich, dass Amma nach wie vor allen so viel von sich selbst gibt; bis an ihre äußerste Leistungsgrenze, egal wie voll ihr Terminplan auch sein mag.

Auf dem Weg in die USA hatten wir ein Drei-Tages-Programm in Japan. Amma erwähnte mehrmals, wie müde sie sei und dass sie nicht verstünde warum. Ich wusste da einen sehr guten Grund, woher dieses Gefühl der Erschöpfung kommen konnte!

Nachdem ich mit einem der Mädchen, die aus den USA zu Ammas Programm nach Japan geflogen war, gesprochen hatte, hatte ich plötzlich eine geniale Idee. Sie hatte mir von den komfortablen Sitzen in der ersten Klasse erzählt, die auf dem Flug alle leer gewesen waren. Ich wusste, dass Amma während der Flüge nie wirklich gut schlafen kann, so dachte ich, dass wir vielleicht unsere Bonusmeilen nutzen könnten, um in die erste Klasse umzubuchen, damit sie sich ein bisschen mehr erholen könnte. Die Wenigen, mit denen ich darüber sprach, fanden die

Idee ebenfalls prima, so gingen wir also zum Schalter, um drei Plätze in die erste Klasse zu verlegen.

Ich hatte mir verschiedene gute Gründe als Entschuldigung zurechtgelegt, um mein Tun zu rechtfertigen: es würde uns nie möglich sein, all unsere Freimeilen zu nutzen, wir bräuchten sonst eine Sondererlaubnis für das Gepäck und Amma könnte sich auf dem Flug endlich einmal wirklich ausruhen. Als ich zu Amma ging, um ihr die gute Nachricht zu bringen, sagte sie nur kurz und knapp: *„Amma wird NICHT an Bord dieses Flugzeugs gehen, wenn sie in der ersten Klasse sitzen soll!"*

Ich gebe es nur ungern zu, aber nachdem ich mich nach dem anfänglichen Schock von Amma entfernte, sagte eine leise Stimme in mir: *wir werden ja sehen, wer den stärkeren Willen hat!* Es war natürlich ein wirklich dummer Gedanke, wenn man berücksichtigt, dass ich es hier mit Amma zu tun hatte.

Ich überbrachte Ammas Nachricht an denjenigen, der für unsere Tour-Buchungen verantwortlich war. Da es schon spät in der Nacht war und wir erst am nächsten Nachmittag fliegen würden, entschieden wir, dass es zu spät sei, um irgendetwas zu unternehmen und uns nichts übrig bliebe, als bis zum nächsten Tag zu warten. Wir dachten auch, dass Amma es bestimmt sowieso nicht so erst gemeint hatte und hofften insgeheim, dass es zu spät sei, um das Ticket noch einmal zu ändern und wir während des Fluges einfach in der ersten Klasse komfortabel gefangen sein würden.

Als wir am nächsten Tag am Flughafen ankamen, ging ich hinüber zum Schalter, um einzuchecken, in der Hoffnung, Amma möge den gestrigen Abend vergessen haben. All unsere schweren Koffer standen nebeneinander aufgereiht da und warteten darauf, eingecheckt zu werden. Ich ging zu Amma, die den japanischen Devotees einen letzten Darshan gab und bat sie, an den Schalter zu kommen, damit wir das Einchecken beenden konnten.

Doch Amma erinnerte mich nachdrücklich daran, dass sie dieses Flugzeug *nicht* betreten würde, wenn sie in der ersten Klasse sitzen würde. Ich bekam einen leichten Schweißausbruch, als ich sah, in welche Schwierigkeiten ich geraten war. Indessen sah ich ein paar sehr glückliche Devotees aus dem japanischen Ashram, die natürlich begeistert waren von dem Gedanken, Amma noch eine Weile bei sich zu haben. Ich eilte zurück zum Schalter und bat inständig darum, das Ticket noch einmal zurückzustufen, da ich einen großen Fehler gemacht hätte. Ich war besorgt darüber, dass mich all die amerikanischen Devotees umbringen würden, wenn Amma nicht pünktlich zum ersten Programm erscheinen würde.

Glücklicherweise klappte es dann doch noch. Ich hastete zurück, um Amma zu sagen, dass wir nun nicht mehr in der ersten Kasse säßen und dass sie nun doch bitte kommen möge, um einzuchecken, was sie dann auch gnädigerweise tat.

Eine halbe Stunde später erklärte mir Amma ruhig, dass sie für uns ein Exempel statuieren musste. Wenn sie komfortabel reisen würde, dann würden andere Ashrambewohner, für die sie ein Vorbild ist, dies auch tun wollen. Die Art und Weise, wie Amma ihr Leben lebt und wie sie handelt, ist immer ein perfektes Beispiel für uns.

Amma wurde bei einem Presseinterview einmal gefragt: „Amma ist sehr erfolgreich geworden, wie macht sie das?"

Amma antwortete: „Zuallererst muss man ein Vorbild sein. Wenn du vorbildlich authentisch handelst, dann werden andere folgen – aber du musst spontan sein.

Eine Devotee teilte mit mir einmal folgende wertvolle Worte, die Amma zu ihr sprach, als sie traurig war. Amma sagte, dass sie manchmal mit dem Auto reist, nur um ein paar Dollar zu sparen. Sie hat in ihrem Leben so viel Elend gesehen. Sie sagt, dass sie heute oft 20 Stunden am Tag Darshan gibt, mit uns im Schlamm sitzt und versucht, uns da herauszuziehen. Wir sind wie Blumen, die von Morast bedeckt sind, und die Amma alle geduldig reinigt. Manche Blumen sind sehr schön. Amma sagte diesem Mädchen, dass sie eine wunderschöne Blume ist und sie schon viel Zeit damit verbracht hat, sie seit frühester Kindheit sehr sorgfältig zu reinigen. Amma tat das, damit sie ein Beispiel geben und Ammas Botschaft in der Welt wiederspiegeln kann.

Amma sagt, dass diese Blumen sehr wertvoll sind, aber indem sie den Wert nicht sehen oder denken, dass sie wertlos sind, werfen sie sich zurück in den Morast. Dennoch zieht uns Amma immer wieder geduldig heraus und versucht uns zu reinigen. Aus ihrem unendlichen Mitgefühl heraus baut sie uns auf und stärkt uns. Sie könnte es genauso gut vorziehen, in dem erhabenen Zustand der Glückseligkeit zu verweilen – stattdessen ist es Ammas Wunsch, sich für das Wohl der Menschheit zu opfern.

Kapitel 5

Demut in Bescheidenheit

*Wenn du anfängst, dich für einen einflussreichen
Menschen zu halten, versuche einmal dem
Hund eines anderen Befehle zu erteilen.*

Sprichwort aus dem Internet

Während der Amritavarsham 50 - Feierlichkeiten in Cochin 2003 gab es ein Programm, das sich über vier Tage erstreckte. Als wir am letzten Tag kurz vor der Hauptveranstaltung auf die Bühne gingen und Amma den für sie wunderschön dekorierten Stuhl sah, sagte sie zu mir: „Nimm dieses Tuch da weg". Ihr gefiel es nicht, wegen der Goldstickerei an den Ecken, sie meinte es sei zu extravagant. Zu verschiedenen Anlässen hatte Amma immer wieder betont, dass sie für sich einfache Stoffe bevorzugt, weil es Geld einspart und anderen ein Beispiel für Einfachheit gibt. Da mich hunderttausende von Menschen beobachteten, packte mich Entsetzen bei dem Gedanken daran, diesen Stuhl auseinander nehmen und einen neuen Stoff finden zu müssen, und das innerhalb der nächsten Sekunden!

„Amma, *bitte*, es ist nur ein ganz klein wenig Gold und auch nur an den Rändern!" flehte ich.

Zu meinem Glück begriff Amma mitfühlend die Situation, in der ich gewesen wäre, hätte sie auf einen anderen Stoff bestanden und willigte schließlich widerstrebend ein, auf dem Stuhl Platz zu nehmen. Ich war so erleichtert. Ganz egal, wo wir sind oder in welcher Situation wir uns befinden, Amma besteht darauf, ihre Lehren durch ihr eigenes Verhalten deutlich zu machen.

Bescheidenheit ist die Eigenschaft, die wir am meisten brauchen, wollen wir Frieden und Harmonie in der Welt finden. Nur wenn wir diese Qualität in uns entwickeln, werden wir Harmonie auch im Außen finden.

Die Kriege und die Gewalt, die wir heute sehen, haben ihren Ursprung in den Gedanken. Ein Gedanke, der im Geist auftaucht, wird später vielleicht in Handlung umgesetzt. Diese Handlung kann unglaubliche Gewalt nach sich ziehen. Bevor alle Negativität in uns verschwinden kann und wir wahrhaft mitfühlend werden können, müssen wir zuerst eine demütige Haltung haben.

Das Ego folgt uns wie ein Schatten. Aber wenn wir die Stirn auf den Boden geneigt haben, ist da kein Schatten mehr. Demut ist das Schwert, welches das Ego, unsere Selbstbezogenheit, zerschneiden kann. Wir können das Ego nicht vollständig loswerden; es ist in jedem von uns. Wenn wir uns dennoch in unschuldiger Weise anstrengen, wird mit Sicherheit göttliche Gnade zu uns fließen, und ein Teil des Egos kann davon geschwemmt werden.

Wir können uns vom Ego nicht alleine befreien. Wir brauchen die Anleitung eines spirituellen Meisters, um jene Demut zu entwickeln, die nötig ist, um unser Ego und unsere Vasanas zu transzendieren. Wenn wir die richtige Einstellung haben, kann die Gnade unseres Meisters zu uns strömen und uns helfen, unsere Vasanas zu überwinden, unabhängig davon, wo in der Welt wir uns befinden mögen.

Wenn unser Ego anfängt sich aufzulösen, beginnen wir demütig zu werden. Es ist diese Demut, die es uns ermöglicht, für Gnade empfänglich zu werden. Dann werden wir in der Lage sein, die tiefere Bedeutung hinter den Worten und Taten des Gurus zu verstehen. Das ist der Grund, warum Amma davon spricht, dass es nötig ist, Demut zu entwickeln. Wir müssen die Sichtweise eines Anfängers haben, um dies zu verstehen. Die bedeutendsten Menschen der Welt waren zugleich auch die bescheidensten. Es gibt Studien über die erfolgreichsten Gesellschaften und Firmen und den *CEO's*, die diese Betriebe an die Spitze geführt haben. Wider aller Erwartung fand man heraus, dass die erfolgreichsten Manager sehr stille und reservierte, oft auch scheue Menschen waren; keine egoistischen, sondern aufrichtige, normale Menschen, die sehr hart arbeiteten.

Als man diese mit den Firmenleitern von Betrieben zweiter Klasse verglich, fand man heraus, dass die meisten von ihnen ein enormes Ego besaßen. Die Geschäftsführer der kleineren Betriebe schrieben sich zwar gerne ihre Erfolge auf die Fahne, für die Misserfolge aber machten sie gerne andere verantwortlich.

Die bescheidenen Firmenoberhäupter dagegen waren jederzeit bereit, ihr Glück anderen Faktoren als sich selber zuzuschreiben, und auch wenn die Dinge nicht so gut liefen, übernahmen sie die volle Verantwortung für gemachte Fehler.

Amma ist zu einem der größten Beispiele für den Triumph der Bescheidenheit geworden. Aus einfachsten Verhältnissen mit geringer Schulbildung ist sie zu einem der bedeutendsten CEO's aufgestiegen. Ein weltweit gefeiertes Oberhaupt einer sich immer weiter ausdehnenden Service-Organisation, die Tausende von Menschen mit einer riesigen Portion Mitgefühl, Geduld und Ernsthaftigkeit in humanitärer Arbeit anleitet. Es ist für sie nicht nötig, dass man ihre Arbeit würdigt oder sie zu ihren Leistungen beglückwünscht – stattdessen hat sie nur den Wunsch, der Menschheit zu dienen, Leiden zu lindern, die Armen zu unterstützen und uns zu inspirieren, ein gutes Leben zu führen.

Amma ist schon oft gefragt worden, ob sie sich nicht überlegt, in die Politik zu gehen. Für gewöhnlich lacht sie darüber und erwidert, dass es nicht ihr Wunsch ist, die Führung von irgendetwas zu übernehmen. Sie will nur unseren Geist ausfegen, das Leiden und die Armut der Welt hinwegfegen und der Welt dienen. Während die meisten von uns damit beschäftigt sind, sich um sich selbst zu kümmern, erinnert uns Amma an die Wichtigkeit, sich in Bescheidenheit und Demut zu üben. Ihre anspruchslose Natur ist so aufrichtig und authentisch, dass wir uns inspiriert fühlen, beim Fegen mitzumachen und uns keine Gedanken mehr darüber machen, wie wir selbst voran kommen können. Es gibt keine Aufgabe, die Amma als unter ihrer Würde betrachten würde. Ihre grenzenlose Bescheidenheit führt oft dazu, dass sie die Erste ist, die irgendetwas anpackt, was andere zu tun ablehnen würden.

Nach einem Zwei-Tages-Programm in Durgapur 2004 verließen wir das Programm, um mit dem Auto nach Kalkutta zu fahren. Amma fragte einen der Brahmacharis, ob der Platz, auf dem das Programm stattgefunden hatte, auch aufgeräumt worden sei, was er bejahte. Als wir aber dabei waren das Gelände zu verlassen, sah Amma, dass trotzdem noch eine Menge Papierteller und sonstiges auf dem Boden herumlag. Sie ließ den Fahrer anhalten, stieg aus und begann damit den Müll aufzusammeln, was natürlich in Windeseile alle 500 Mitreisenden dazu veranlasste, auszuströmen und mitzuhelfen. Im Nu waren der Platz sauber und der Müll eilig verbrannt. Amma ist nie scheu, wenn es darum geht, andere dazu zu bringen, das Richtige zu tun, wenn es nötig ist.

Erst vor kurzem, gegen Ende eines Programms in Tamil Nadu (2007), drängte Amma darauf, dass alle, die mit ihr reisten, anfangen sollten, den Platz aufzuräumen und die provisorischen Zäune abzubauen. Die Devotees machten das sehr gerne und waren völlig überrascht, als die Polizisten, die während des Programms Dienst hatten, anfingen ihnen zu helfen. Es war ein erstaunlicher Anblick. Amma hat die Fähigkeit, in jedem – wer immer es auch sein mag – den Wunsch zu wecken, etwas Gutes zu tun.

Die Polizei hatte bis dahin noch nie mitgeholfen, aber diese Beamten waren so tief berührt von Amma und so beindruckt von der Ausdauer, mit welcher alle so hart arbeiteten, dass auch sie irgendwie mithelfen wollten. Wir sehen in den Polizisten oft Menschen, die sich von uns stark unterscheiden, weil sie eine völlig andere Rolle zu spielen haben. Aber vor Amma verschwinden all diese Unterschiede und verschmelzen in ihrer mütterlichen Liebe.

Nach dem Ende eines Programms in Chennai begleiteten zwei Polizistinnen Amma, auf dem Weg zu einem Devotee. Sie fragten sie, ob sie für ein paar Minuten persönlich mit ihr sprechen könnten. Während die erste Polizistin damit begann, Amma ihr Herz auszuschütten, stiegen ihr die Tränen in die Augen. Sie erzählte die traurige Geschichte von ihren zwei Fehlgeburten; die zweite Fehlgeburt hatte sie im fünften Monat, nachdem sie von einem Bus angefahren worden war. Jetzt hatte sie Schwierigkeiten mit der Empfängnis und wollte Ammas Segen dafür. Amma wischte ihr sanft die Tränen von den Wangen und dann ihre eigenen. Sie versprach ihr, ein Sankalpa für sie zu machen.

Nun kam die zweite Polizistin und erzählte Amma von ihren Problemen. Es waren Schwierigkeiten mit der Familie, u.a. mit ihrem Mann, der sie oft schlug. Sie war so traurig und deprimiert, dass sie sogar an Suizid dachte. Amma umarmte sie und sie musste ihr das Versprechen geben, dies niemals zu tun. Dann gab sie ihr einige Ratschläge, die ihr helfen würden, mit der Situation besser umgehen zu können. Nach dem Gespräch trockneten die beiden Polizistinnen ihre Augen und gingen einen Schritt zurück, um den nächsten Platz zu machen, die in den Raum kamen. Nachdem sie ein paar Mal tief durchgeatmet hatten um sich wieder zu fassen, gingen sie aus dem Zimmer.

Als wir das Haus verließen, fasste mich die eine von ihnen am Arm und bedankte sich sehr herzlich bei mir. Ich hatte nichts getan; ich stand einfach als stille Zeugin in der Nähe, im Sog von Ammas grenzenloser, mitfühlender Liebe. Nachdem ich diese Frauen und die Polizisten, die auf dem Platz mithalfen gesehen hatte, änderte sich meine Ansicht über die Polizei. Sie waren plötzlich nicht mehr nur Uniformen. Ich verstand nun, dass sie Menschen waren, die die Liebe einer Mutter brauchten und jemanden, dem sie ihre Probleme anvertrauen können, so wie wir anderen auch.

Auch wenn es für Amma in dieser Welt nichts mehr zu erreichen gibt und ihr niemand je das Recht auf Erholung absprechen würde, sitzt sie niemals tatenlos herum. Wenn sie nicht Darshan gibt, verbringt sie die meiste Zeit des Tages damit, jeden einzelnen Brief zu lesen, den man ihr gibt. In ihrer verbleibenden Zeit berät sie diejenigen, die ihre Hilfe brauchen oder jene, die in ihrem Namen die verschiedenen Einrichtungen führen.

Es sind Tausende von Menschen, die überall auf der Welt in Ammas Namen ehrenamtlich arbeiten. Auch wenn sie sehr begeistert dabei sind, mangelt es ihnen oft an praktischer Erfahrung, sodass Amma ihnen regelmäßig Rat erteilt. Manche meinen, dass sich Amma ausruht, wenn sie gerade keinen Darshan gibt oder an irgendwelchen anderen Programmen teilnimmt. Stattdessen verbringt sie ihre Zeit normalerweise damit, sich mit Leuten zu treffen, um sie in einem nächsten Arbeitsschritt zu begleiten oder sie telefonisch anzuleiten. Nur äußert selten ruht sie sich wirklich aus.

Wenn wir in Indien mit dem Auto den Programmplatz erreichen, bleibe ich für gewöhnlich an Ammas Seite, da die Menschenmassen dort sehr leicht in Aufregung zu versetzen sind und es gut für mich ist, in ihrer Nähe zu sein, um sie zu beschützen (in Wirklichkeit ist es so, dass *ich* es brauche, in ihrer Nähe zu

sein, damit sie mich beschützen kann!). Es mag so aussehen, als ob ich Amma stütze, damit sie nicht fällt, aber in Wahrheit ist es anders herum. Ich halte mich an ihr fest, damit *ich* nicht falle, im wörtlichen wie im übertragenen Sinne.

Eines Abends als wir in Trivandrum ankamen, hatten enthusiastische Devotees Amma Girlanden umgehängt, als wir langsam die enge Straße herunterfuhren. Die Blumengirlanden füllten das ganze Auto aus. Als wir beim Ashram ankamen, bückte sich Amma nach einigen Girlanden, die vor ihre Füße gefallen waren und legte sie auf den Sitz zu den anderen. Ich beobachtete sie, wie sie die Girlanden umräumte und fragte mich, was sie da tat, wo doch draußen eine brodelnde Menschenmenge auf sie wartete.

Als ich schließlich ausstieg, begriff ich plötzlich, dass Amma sie so umgelegt hatte, dass ich Platz hatte, über den Sitz zu klettern, um ihr folgen zu können. Ich hätte das auch sehr leicht selbst machen können, stattdessen nahm Amma sich die Zeit dafür und machte sich die Mühe, dies für mich zu tun. Demut durchflutete mich angesichts dieser überlegten und rücksichtsvollen Geste. Eigentlich sollte es so sein, dass der Schüler dem Guru dient, aber mit Amma ist es wahrhaftig anders herum – sie dient uns.

Nachdem wir ausgestiegen waren, liefen wir einen Weg entlang, der mit großen Öllampen gesäumt war. Sie standen auf wackligen Holzbänken, hinter denen die Leute warteten. Es war aber kein guter Plan, weil die Menschen wie immer anfingen nach vorne zu drängen, um Amma zu berühren.

Den ganzen Weg entlang wiederholte Amma immer wieder, dass sie mit den Öllampen aufpassen und wegen der Brandgefahr nicht nach vorne drängeln sollten. Sie ließ es sich nicht nehmen, sicherzustellen dass die Menschen hinter jeder einzelnen Öllampe außer Gefahr waren sich zu verbrennen und mahnte sie, sich nicht gegenseitig zu schubsen.

Am Ende der Reihe wartete innerhalb des Gebäudes eine weitere Menschenmasse auf sie. In der ganzen Aufregung gelang es dem Devotee, der das Arati machen sollte nicht, den Kampfer anzuzünden. Amma, die immer hilfsbereite und fürsorgliche Mutter nahm sich geduldig die Zeit, den Kampfer selbst anzuzünden, damit der Devotee die traditionelle Zeremonie abschließen konnte.

Amma ist immer darum besorgt, dass sich um alle gekümmert wird. Wann immer sie zu einem Programm erscheint, sieht sie sich zuerst um, ob auch alle einen vernünftigen Sitzplatz haben. Sie will nicht, dass jemand im Regen oder in der Sonne sitzen muss. Manchmal verlangt sie, dass Absperrungen oder Schilder entfernt werden, die den Leuten die Sicht versperren. Den Kameramännern sagt sie oft, dass sie sich hinsetzen sollen, damit alle etwas sehen können.

Amma stellt die Bedürfnisse der anderen immer vorne an. Wenn der Satsang beginnt, entschuldigt sie sich manchmal dafür, dass nicht genug Sitzplätze für alle da sind. Ihre Absicht ist es nicht, die Erhabenheit eines weisen Redners herauszustellen – Amma veranschaulicht den nie versiegenden Strom einer mitfühlenden Mutter. Sie kann viele Dinge gleichzeitig tun. Auch während sie Darshan gibt, wacht sie darüber, dass die Wartenden zu trinken bekommen oder wenn möglich nicht in der Sonne warten müssen. Sie lässt auch oft über Lautsprecher durchsagen, dass jeder auf seine Wertgegenstände achten solle, damit nichts von herumlungernden Dieben gestohlen werde.

Praktikabilität hilft uns, mit Schwierigkeiten im spirituellen Leben klar zu kommen. Amma lehrt uns dies durch Beispiele aus dem Alltag. Als es einmal jemandem während des Darshans übel wurde, leerte Amma den *Prasad*-Teller, der immer neben ihr steht aus, damit er sich dort hinein übergeben könnte. Sie hielt ihn nicht für zu heilig, wie wir das vielleicht empfunden hätten. Amma handelt immer fürsorglich und zweckmäßig.

Ein wirklicher Meister wird nie von uns fordern, alles aufzugeben, sondern uns lehren, uns auf das zu beschränken, was wir wirklich brauchen. Amma lehrt uns zu teilen und unsere Herzen für andere zu öffnen. Diese Haltung des Teilens macht uns mitfühlender und beschleunigt unser spirituelles Wachstum. Jede spirituelle Übung hat zum Ziel, uns dabei zu helfen, die Liebe, die in uns schlummert zu erwecken. Selbst diejenigen, die keine herkömmlichen spirituellen Übungen machen, aber das Teilen gelernt haben, werden davon profitieren und den Frieden spüren, den diese selbstlose Haltung mit sich bringt.

Wir saßen einmal in einer Lounge am Flughafen und warteten darauf, an Bord unserer Maschine gehen zu können. Ich hatte Amma etwas Tee gegeben, als sie mich aufforderte, den Swamis, die in einem anderen Raum saßen, ebenfalls Tee zu bringen. Ich bemerkte, dass ihnen doch mit Sicherheit schon jemand Tee gebracht hätte, aber Amma bestand darauf, dass ich gehen sollte. Sie wollte in mir den Gedanken fest verankern, dass man in jeder Situation immer erst an die anderen denken soll. Amma denkt nie an ihre eigenen Bedürfnisse, immer stellt sie die anderen vornan, ganz gleich wie beschäftigt sie ist. Ihr gesamtes Leben ist dem Dienst an der Welt geweiht.

Es gibt da eine wahre Geschichte, die den Wert der Berücksichtigung der Bedürfnisse anderer veranschaulicht. Eine Gruppe von 70 Wissenschaftlern arbeitete 12 bis 18 Stunden am Tag sehr intensiv in einer Raketenbasisstation. Als der Starttermin nahte, wurden sie zunehmend frustrierter, was mit dem enormen Zeitdruck zusammen hing. Ihr Boss verlangte das Äußerste von ihnen, aber sie waren zufrieden mit ihm und niemand dachte daran zu kündigen.

Eines Morgens ging einer von ihnen zu ihrem Chef und sagte ihm, dass er seinen Kindern versprochen hatte, sie zu einer Ausstellung mitzunehmen, die gerade in die Stadt gekommen war. Er fragte ihn, ob er deswegen schon gegen 17.30 Uhr gehen könne, womit sein Chef einverstanden war. Der Wissenschaftler begann mit seiner Arbeit und war den ganzen Tag hindurch sehr konzentriert. Irgendwann, als er das Gefühl hatte, dass es Zeit sei zu gehen, schaute er auf die Uhr und stellte schockiert fest, dass es bereits 20.30 Uhr war.

Enttäuscht darüber, dass er die Gelegenheit verpasst hatte, mit seinen Kindern zur Ausstellung zu gehen, suchte er seinen Chef, um ihm zu sagen, was passiert war, konnte ihn aber nirgends finden. Er hatte ein furchtbar schlechtes Gewissen, dass er seine Kinder so versetzt hatte, wo sie sich doch so darauf gefreut hatten.

Als er nach Hause kam, war es sehr still und seine Kinder waren nirgends zu sehen. Er fand seine Frau in der Küche arbeitend und schlich sich zögernd näher, weil er dachte, dass sie ziemlich wütend auf ihn sein musste. Zu seiner Überraschung lächelte sie erfreut. Er wagte zu fragen, wo denn die Kinder seien. Jetzt war sie überrascht. Sie antwortete, dass sein Chef sie doch am Nachmittag abgeholt und mit zur Ausstellung genommen hatte.

Es stellte sich heraus, dass sein Chef gegen 17.00 Uhr zu seinem Büro gekommen war. Als er ihn tief in seine Arbeit versunken sah, wusste er sofort, dass er es nicht rechtzeitig schaffen würde, bei seinen Kindern zu sein. Der Chef wollte aber nicht, dass die Kinder diese Ausstellung verpassten und beschloss daraufhin, einfach selbst mit ihnen dorthin zu gehen. Das Paar war überglücklich, als sie begriffen, was für einen wundervollen, entgegenkommenden und intelligenten Chef der Mann hatte.

Diese Geschichte ereignete sich ein paar Jahre, bevor dieser besonnene Chef der Präsident von Indien wurde: Dr. A. P. J. Abdul Kalam.

Die meiste Zeit unseres Lebens verbringen wir damit, uns um uns selbst zu kümmern. Wir bringen so wenig Zeit auf, uns um andere Gedanken zu machen. Wir sind meistens sehr beschäftigt, bringen aber selten etwas Bedeutungsvolles zustande. Amma inspiriert uns dazu, über unsere Selbstbezogenheit hinaus zu gelangen und in unseren Gedanken und Handlungen wirkliche Selbstlosigkeit zu entwickeln.

Kapitel 6

Was ist wirkliches Glück?

*Lob und Tadel, Gewinn und Verlust, Vergnügen
und Sorgen – alles kommt und geht wie der
Wind. Um wahrhaft glücklich zu sein, ruhe
in all dem, wie ein riesiger Baum.*

Der Buddha

Vor langer Zeit, sagte der König von Spanien eines Tages: „Ich habe 50 Jahre siegreich regiert und den Frieden bewahrt. Von meinen Landeskindern geliebt, von meinen Feinden gefürchtet und von meinen Verbündeten geschätzt. Reichtum und Ehre, Macht und Vergnügen standen mir immer zu Diensten. Ich habe die Tage reinen und echten Glücks jedoch einmal genau gezählt, seltsamerweise waren es nur 14…"

Genau wie dieser König versuchen die Menschen ihr ganzes Leben lang, immer das Beste von allem zu bekommen. Selbst wenn wir alles haben was wir uns wünschen, wird uns das nicht notwendigerweise glücklich machen.

Während eines Retreats in den USA übernachteten wir einmal in einem Luxushotel. In den Zimmern lagen auf jedem Bett fünf Kissen. Ich wollte auf dem Boden schlafen und suchte deshalb im Schrank nach einer Decke. Ratet mal was ich fand, als ich die oberste Schublade aufmachte? Noch ein Kissen! Ich konnte einfach nicht glauben, dass fünf Kissen jemandem nicht genug sein könnten. Wenn wir meinen, dass wir bestimmte Dinge im Leben brauchen, um uns gut zu fühlen, dann werden wir nie zufrieden sein.

Ich habe von einer bekannten Persönlichkeit gelesen, die einmal sagte: „ Wir alle teilen das Gefühl innerer Unausgeglichenheit. Die meisten Menschen haben den glühenden Wunsch, glücklich und in Frieden zu leben, aber nur sehr wenige von uns erreichen dies. Nichts und niemand kann uns diesen Zustand innerer Ruhe geben…das Einzige, was diese Leere in uns zu füllen vermag, ist eine höhere Kraft. Ich bin überzeugt davon, dass es eine höhere Energie gibt. Wären wir uns selbst überlassen, würden wir im Chaos versinken."

Wir können uns glücklich schätzen, durch Amma spirituelle Führung bekommen zu haben, durch die wir wahres Glück finden können.

Amma sagt oft, dass in dieser Welt im Außen jeder ein König sein will – aber im Innern bleiben wir Bettler. Wenn wir weiterhin betteln, dann werden wir auch als Bettler sterben; wenn wir aber lernen zu geben, dann werden wir zu Königen. Wir sollten versuchen, uns von Bettlern zu Königen zu wandeln – innerlich, nicht äußerlich.

Die Freude, die wir in Gegenwart eines Heiligen empfinden ist keine Freude, die uns von ihm gegeben wird, sondern Freude, die in unserem eigenen Herz entsteht – vergleichbar einer Lotosblüte, die in der Morgendämmerung erblüht und ihren süßen Duft verströmt. Die Sonne ist nur der sichtbare Auslöser für das Erblühen der Knospe. Es kommt nichts zum Vorschein, dass nicht schon in ihr angelegt war. Vergleichbar ist es die verborgende Freude in uns, die sich in der Gegenwart einer erwachten Seele offenbart.

Tatsächlich ist Liebe im Herzen eines jeden Menschen zu finden. Amma sagt uns oft, dass wir versuchen sollten, das Gute in allem zu sehen, da auch der Lotos aus schmutzigen Gewässern erblüht. Wenn wir Mitgefühl in uns entwickeln, beginnen wir jeden als Teil unseres Selbst zu erkennen. In diesem Zustand beginnt unser Herz vor Liebe überzufließen.

Mit Sicherheit wird derjenige, der das Wesen des Lebens nicht erkennt, eine Menge zu leiden haben. Derjenige aber, der das Wesen der Welt erkannt hat, kann alles was geschieht mit einem Lächeln annehmen, und nichts wird ihn negativ beeinflussen. Wenn wir versuchen, ausschließlich äußeren Besitz zu vermehren, werden wir nicht glücklich werden, egal ob wir die Dinge bekommen oder nicht. Glück wird niemals durch etwas Äußeres erlangt werden – es kann nur von innen heraus entstehen.

Ein 92-jähriger mit stark nachlassender Sehkraft musste in ein Altersheim ziehen, weil seine 70-jährige Frau kürzlich verstorben war. Der kleine, stolze Mann war jeden Morgen pünktlich um acht angezogen, frisch rasiert und ordentlich gekämmt. Am Tag des Umzugs wartete er in der Lobby des Pflegeheims geduldig darauf, dass man ihm sein neues Zimmer zeigen würde. Er lächelte freundlich, als der Pfleger ihm schließlich sagte, dass sein Zimmer bezugsbereit sei. Während er seinen Gehwagen in den Aufzug manövrierte, begann der Pfleger, ihm sein neues winziges Reich, einschließlich der Möbel und Farben der Vorhänge, ausführlich zu beschreiben. „Ich liebe es", erklärte er schließlich mit der Begeisterung eines Achtjährigen, dem man gerade einen jungen Hund geschenkt hatte.

„Herr Schmidt, Sie haben den Raum doch noch gar nicht gesehen, jetzt warten Sie doch erst einmal ab."

„Das hat damit überhaupt nichts zu tun", erwiderte er, „glücklich zu sein ist etwas, das man im voraus entscheidet. Ob ich mein Zimmer mag oder nicht, hat nichts damit zu tun, wie es eingerichtet ist – es hat damit zu tun, wie mein Geist ausgerichtet ist. Ich habe schon entschieden, dass ich es mag. Es ist eine grundsätzliche Entscheidung, die ich jeden Morgen treffe. Ich habe die Wahl, den ganzen Tag im Bett liegen zu bleiben und all die Schwierigkeiten aufzuzählen, die ich mit den Körperteilen habe, die nicht mehr richtig funktionieren, oder ich kann aufstehen und mich über die freuen, die noch funktionieren. Jeder Tag ist ein Geschenk, und solange ich morgens meine Augen aufmache, konzentriere ich mich auf den neuen Tag und all die glücklichen Erinnerungen, die ich mir für diesen Abschnitt meines Lebens gut aufbewahrt habe."

Alles Wissen, aller Reichtum und die Errungenschaften unseres Lebens sind nutzlos, wenn wir uns nicht auch um das Wohlergehen der Welt kümmern; was jedoch nicht bedeutet, dass wir nicht versuchen sollten, in unserem Leben etwas zu bewirken oder zu erreichen.

Ein Mädchen erzählte mir, dass sie lange Zeit verwirrt war, nachdem sie einen spirituellen Vortrag über die Sinnlosigkeit des Strebens nach materiellen Dingen gehört hatte. Sie hatte aufgehört, Dinge zu tun, die ihr bis dahin immer so viel Freude gemacht hatten, wie Gedichte schreiben und Malen, konnte aber ihre Zweifel kürzlich klären. Amma sagte ihr, dass Kreativität kein Hindernis auf dem spirituellen Weg sei. Wir können alles tun, was wir tun wollen, aber wir sollten immer im Hinterkopf behalten, dass uns nichts in dieser äußeren Welt glücklich machen wird.

Einer der Brahmacharis, der in einem Zweig des Ashrams in Nordindien lebt, erzählte von seiner kürzlichen Reise durch den Himalaja. Eigentlich war er ganz zufrieden in diesem Ashram, meinte aber, dass er jetzt geistig stark genug wäre, um in einem Wald im Himalaja zu meditieren und *Tapas* zu üben. Schon bald aber merkte er, dass er dort keine geistige Ruhe finden konnte – im Gegenteil tauchten jetzt viele neue Gedanken und Gefühle auf, und ihm wurde ganz bang zumute. Er verließ den Wald wieder, um mit anderen Yogis zusammenzuleben, die in einem

Vorgebirge des Himalajas lebten. Er dachte, dies würde seine Situation zum Guten wenden.

Als er sah, wie einige von ihnen dort lebten, veränderte sich seine Vorstellung zu spirituellem Leben im Himalaja schlagartig. Die Sadhus aßen um 7 Uhr in der Früh und dann wieder um 4 Uhr nachmittags. Sie schlugen sich den Bauch voll, um sich dann anschließend erst einmal schlafen zu legen. Ansonsten saßen sie herum, rauchten Bidis und Chillums und redeten über Vedanta. Einige von ihnen stritten sogar miteinander, weil ihre Meinungen über bestimmte Themen auseinandergingen. Der Brahmachari erzählte, dass er nie jemanden traf, der ehrfürchtig von Gott gesprochen hätte, und kein einziger der Yogis verhielt sich liebevoll gegenüber den anderen. Die Leute gingen sich oft aus dem Weg, so als ob sie Angst davor hätten, sich gastfreundlich verhalten und vielleicht sogar einen Tee anbieten zu müssen, was sie ja etwas gekostet hätte.

Seine Erfahrungen belegen, was Amma oft über Vedanta sagt: dass wir nicht bloß darüber reden, sondern versuchen sollten, tatsächlich danach zu leben.

Unser Geist wird nie still stehen, es werden immer Gedanken aufziehen, die uns stören, und sie werden uns folgen, wohin wir auch gehen, ob in die Höhen des Himalajas oder in die Tiefen der dichtesten Wälder. Sie werden uns immer bedrängen – es gibt kein Entkommen. Amma rät, dass es besser sei, etwas für die Welt zu tun, anstatt nur zu versuchen, die Gedanken zum Schweigen zu bringen. Der Brahmachari bemerkte, dass er jetzt, da er wieder freiwilligen Dienst tut, viel zufriedener und glücklicher sei. Er fand, dass die Menschen um Amma herum viel selbstloser waren als die meisten Yogis, die er im Himalaja angetroffen hatte.

Der große Philosoph Aristoteles wurde einmal von seinen Schülern gefragt: „Meister, du hast Jahrzehnte lang gelehrt und viele Bücher geschrieben. Kannst du uns in ein paar wenigen Worten sagen, was der Sinn alles Wissens ist?"

Aristoteles antwortete ihnen: „Die Bedeutung, der Zweck alles Wissens liegt in dem einem Gedanken – Dienen."

Es ist erst einige Monate her, als ich zufällig mitanhörte, wie sich Amma mit einem Gast unterhielt, der im Ashram zu Besuch war. Sie sagte:

„Es macht mir nichts aus, wenn meine Kinder ihre ganze Zeit mit Meditation verbringen oder ausschließlich hart arbeiten wollen, solange sie nur nicht faul sind. Lass sie hart arbeiten wenn sie wollen, und wenn sie meditieren wollen, dann sollen sie wenigstens für eine kurze Zeit am Tag arbeiten, um sich damit die Essenskosten zu verdienen. Wenn sie dann noch ein bisschen zusätzlich arbeiten und zum Beispiel zehn Rupien verdienen, dann kann das dazu benutzt werden, um der Welt zu dienen. Das ist alles, was ich von jedem verlange. Sie sollten nicht von anderen abhängig sein."

Auch wenn wir das Gefühl haben, dass wir die spirituellen Übungen nicht regelmäßig machen können, können wir zumindest hart an etwas arbeiten; das ist alles, was Amma von uns erwartet. Es gibt niemanden, der nicht zu ihr passen würde. Amma nimmt jeden an.

Eine Gruppe von 80 japanischen Studenten, kommt jedes Jahr nach Indien, um beim Häuserbauprojekt mitzuhelfen. Diesmal war auch ein Junge dabei, der an zerebraler Kinderlähmung litt und wegen seines starren Körpers die meiste Zeit an seinen Rollstuhl gebunden war. Sein Wunsch mitzuhelfen war aber nichtsdestotrotz sehr groß, besonders, weil die Häuser für die Tsunami-Betroffenen sein sollten. Bedauerlicherweise verlangte die meiste Arbeit, die getan werden musste, anstrengenden körperlichen Einsatz, wie das Tragen schweren Baumaterials, was ihm nicht möglich war.

Schließlich wurde eine Lösung gefunden. Man stülpte ihm einen Handschuh über *die* Hand, die er bewegen konnte und band einen Pinsel daran. Den Arm konnte er soweit bewegen, dass er die Wand eines Hauses anmalen konnte. Niemand störte sich daran, dass genauso viel Farbe auf ihm und um ihn herum landete, wie auf der Wand. Und auch dass die Sonne erbarmungslos auf hin herunterbrannte, änderte nichts an seinem Glück.

Später sagte er: „Wisst ihr, schon mein ganzes Leben lang brauche ich Leute, die mir helfen, jetzt habe ich etwas gefunden, wo ich jemandem helfen kann. Ich denke, wenn Amma in meinem Körper stecken würde, würde sie es genauso hartnäckig versuchen." Er war so außer sich vor Freude, dass er endlich auch mithelfen konnte.

Unser Glück liegt im Glück anderer. Einige meinen, sie könnten Glück auf Kosten anderer finden, aber das ist falsch. Allein durch den Versuch für andere nützlich zu sein, indem wir unseren eigenen Vorteil opfern, werden wir wahres Glück finden. Wenn wir etwas von Herzen tun oder zum Wohle anderer ertragen, werden wir Frieden und Freude verspüren. Was wir auch für das Wohl der Menschheit tun, es wird unserem Leben Segen bringen.

Kapitel 7

Die Kraft der Liebe

*Der Grund warum zwei Antilopen zusammen
wandern ist der, dass sie sich gegenseitig den
Staub aus den Augen pusten können.*

Afrikanisches Sprichwort

Die Liebe zwischen dem Guru und dem Schüler ist die reinste Form der Liebe, die es in dieser Welt gibt. Sie ist deshalb so tief, weil der Guru einfach liebt und nichts dafür erwartet. Seine einzige Erwartung ist, den Schüler auf dem Weg der Gnade zur höchsten Wahrheit zu führen.

Die Liebe, die wir sonst in der Welt finden, hat selten diese Qualität. Die Liebe, welche die meisten von uns erlebt haben, ist an Bedingungen geknüpft, mit versteckten Erwartungen verbunden und geht oft mit Enttäuschungen einher. Selbst ein unschuldiges Baby liebt seine Mutter in der Hoffnung, nahrhafte Muttermilch zu bekommen. An jedermanns Liebe hängt ein Preisschild. Doch Amma wünscht sich, dass es einen Ort in Welt gibt, an dem es selbstlose Liebe gibt, an die kein Preis gebunden und keine Erwartung geknüpft ist. Deshalb ist sie gekommen.

Während eines Abendprogramms auf der USA-Tour wurde Amma von einem Dolmetscher gefragt, ob sie ihre üblichen Lehren zum Thema Liebe übersetzt haben möchte. Amma bejahte. Sie lachte, weil sie spürte, dass der Übersetzer es ein bisschen leid war, jeden Tag die immer gleichen Lehren zu wiederholen.

Amma sagte, dass sie niemals müde wird über Liebe zu sprechen. Für sie ist das Thema Liebe immer frisch und neu, weil sie die Fülle der Liebe unaufhörlich erlebt. Es ist für sie nicht nur ein Wort, sondern eine stetige aufregende Erfahrung. Sie sagte dem Übersetzer, dass er die Kraft der Liebe nie unterschätzen solle, was die meisten von uns leider tun.

Jeder Mensch verfügt über die Kraft der Liebe, die Kraft der Seele. Es ist Ammas Bestreben das Potential dieser unendlichen Kraft in uns zu erwecken: die Liebe, das Mitgefühl und die Mütterlichkeit – sowohl in Männern wie in Frauen. Reine Liebe vermag gewaltige Veränderungen in uns und der Welt zu bewirken.

Eine Journalistin, die einen Artikel über Tiere schrieb, war verblüfft, eine ehemalige Heroinabhängige zu treffen, die sich in einen streunenden Hund verliebt hatte. Die Drogenabhängige erkannte, dass sie sich nur vernünftig um den Hund kümmern könnte, wenn sie ihr Leben in Ordnung bringen würde. Sie begann, ihr Leben in die Hand zu nehmen und hörte auf sich zu spritzen, damit sie sich ganz dem neuen Mitbewohner widmen konnte. Auf die Weise rettete sie den Hund und der Hund rettete sie.

Amma wird oft von Journalisten gefragt, wie es sich anfühlt, all die Leute zu umarmen, die zu ihr kommen. Amma antwortet ihnen: „Es ist eine sehr reine Erfahrung. Wenn ich die Menschen ansehe, sehe ich einen Spiegel meiner Selbst, ich werde zu ihnen und kann ihre Sorgen und Freuden empfinden. Wir begegnen uns auf der Ebene der Liebe."

Wenn Amma Darshan gibt, wirkt sie wie ein Katalysator, sie hilft uns dabei, unser tiefstes wahres Wesen zu spüren. Wir haben so lange trübes Wasser getrunken, dass wir es als wundervoll erfrischend empfinden, wenn wir mit klarem Wasser in Berührung kommen. Durch Amma bekommen wir eine Ahnung von unserer eigenen göttlichen Natur.

Amma sagt, dass sie nicht an ihren 1,55 m großen Körper gebunden ist. Sie sagt, dass du sie in deinem Herzen finden wirst, wenn du tief nach innen gehst. Sie ist das innere Selbst in jedem Menschen. Weil wir dies noch nicht erfahren haben, sind wir uns nicht bewusst darüber, dass Amma immer bei uns ist. Jeden Moment ist sie uns ganz nah – sie ist unser eigenes Selbst.

Die meisten von uns machen sich Gedanken über materielle Gewinne und Verluste. Das Größte aber, das wir im Leben gewinnen können, ist Liebe. All die verschiedenen spirituellen Übungen, die wir machen haben zum Ziel, diese schlafende Liebe in uns zu wecken, die unter der Oberfläche unserer Vorlieben und Abneigungen verborgen liegt.

So wie sich eine Spinne beim Spinnen ihres Netzes darin verfangen kann, so können auch wir uns im Netz unserer Wünsche verheddern, eingeschlossen in unser ganz privates kleines Universum, das sich auf *Maya* gründet. Nur eine erwachte Seele kann uns aus diesem verworrenen, selbstgewebten Netz herausziehen.

Da war ein Mann, der Amma sehr liebte. Doch Amma konnte sehen, was niemand sonst sah – dass er die schwere Last vergangener tiefer Wunden zu tragen hatte. Sie wusste, dass es etwas gab, was schon seit langer Zeit auf ihm lastete. Er vertraute Amma an, dass sich eines seiner Kinder vor vielen Jahren das Leben genommen hatte, worüber er nie hinweggekommen war. Durch die Liebe aber, die er für Amma empfand, konnte diese Wunde schließlich doch heilen. Sie riet ihm, die Vergangenheit, die wie ein ungültiger Scheck sei, zu vergessen,. So wie der Arzt Medizin verschreibt, damit Krankheiten kuriert werden können, bekommen wir von Amma genau das, was wir brauchen, damit unsere Herzen heilen können.

Amma liebt alles in dieser Schöpfung gleichermaßen. Eines Nachts im Ashram hatte Amma plötzlich das Gefühl, dass irgendetwas mit einer der Kühe nicht in Ordnung war. Sie spürte, dass sie vielleicht nicht genug zu essen bekommen hatten und eine von ihnen hungrig war. Sie rief den Brahmachari zu sich, der für den Kuhstall verantwortlich war und fragte ihn, ob alle Kühe ihr Futter bekommen hätten. Er bejahte dies. Trotzdem wurde Amma das Gefühl nicht los, dass etwas nicht in Ordnung war, deshalb ging sie los, um selbst nachzusehen.

Als sie im Kuhstall ankam, füllte sie einen Fressnapf mit Futter und stellte ihn vor eines der Kälbchen. Das Kalb fraß alles auf. Als sie sah, wie hungrig dieses Kalb war, forschte sie nach. Der Brahmachari erinnerte sich plötzlich daran, dass die Mutter dieses Kalbs gestorben war und ein anderer Brahmachari dafür verantwortlich war, sich um das Tier zu kümmern. Jedenfalls war er heute nicht da und alle anderen hatten vergessen, es zu füttern. Nicht jedoch Amma – sie wusste, wie groß sein Hunger war, ohne dass es ihr jemand gesagt hätte.

Amma erzählt, dass die Mütter in früheren Zeiten so innig mit ihren Kindern verbunden waren, dass ihre Brüste anschwollen, wenn das Kind Hunger hatte, auch wenn es nicht in der Nähe war. Sie wussten instinktiv, wann es an der Zeit war, das Kind zu stillen. Heutzutage ist das Band der Liebe nicht mehr so stark. Heute müssen die Mütter auf dem Handy angerufen werden, um gesagt zu bekommen, dass ihre Kinder Hunger haben.

Die Welt ist voller Selbstsucht. Die Menschen haben Erwartungen wenn sie lieben, weil sie die Quelle der Liebe nicht gefunden haben. Wir suchen immer nach Gewinn im Außen, aber die vergeblichen Versuche lassen uns traurig, leer und unerfüllt zurück. Amma empfindet unermessliches Mitgefühl, wenn sie die Menschen auf diese Weise leiden sieht und versucht, uns aus diesem Zustand heraus zubringen.

Amma wurde einmal gefragt: „Wie kann ich mich selbst mehr lieben?" Amma antwortete: „Wenn wir andere lieben und gute Eigenschaften entwickeln, werden wir auch in der Lage sein, uns selbst zu lieben." Sie legt uns nahe, dass wenn wir auch die anderen nicht lieben können, wir zumindest versuchen sollten, nicht wütend auf sie zu werden. Wir sollten versuchen, niemanden zu hassen, auch wenn das nicht leicht sein mag.

Es ist einfach, Amma zu lieben, aber wir müssen versuchen, andere genauso zu lieben. Wenn wir jemanden nicht lieben können, dann haben wir ihn für gewöhnlich nicht verstanden. Es ist leichter andere zu lieben, wenn wir die unglücklichen Umstände begreifen, aus denen manche kommen.

Amma sagt, dass Mitgefühl, Liebe und Sorge um andere in uns entstehen werden, wenn wir das wahre Wesen von Spiritualität einmal richtig verstanden und verinnerlicht haben. Erst wenn wir beginnen zu lieben, werden wir wahre Liebe fühlen und erfahren.

Während einer Frage- und Antwort-Session mit Amma machte einmal jemand eine ziemlich unhöfliche Anspielung darauf, dass Amma einen Übersetzer braucht, wo sie doch fließend Englisch können sollte. Ich war ein bisschen irritiert wegen dieser Frage, aber Amma fühlte sich überhaupt nicht gestört – das ist sie nie.

Die Frage war: „Wenn Amma allwissend ist, sollte sie da nicht alle Sprachen verstehen können?"

Ammas Antwort war wundervoll. Sie erwiderte ohne zu zögern: „Allwissenheit bedeutet zu erkennen, was ewig ist, und auf dieser Ebene des Bewusstseins ist die Sprache Liebe."

Dem war nichts hinzuzufügen.

Als wir während der Europa-Tour 2006 in Spanien waren, sahen wir einen kleinen Jungen mit Down-Syndrom, der in Amritapuri angefangen hatte, *Tabla* spielen zu lernen. Amma freute sich, ihn wieder zu sehen. Sie winkte ihn auf die Bühne, um sie beim *Bhajan*-Singen zu begleiten. Es war erstaunlich, ihn neben Amma spielen zu sehen, denn wenige Künstler sind von

Amma dazu aufgefordert worden, sie zu begleiten, wenngleich sie großartige Musiker waren – und diesen Junge forderte sie gleich zwei Mal liebevoll dazu auf. Nach fast jedem Lied drehte sie sich um und lächelte ihm aufmunternd zu. Jedesmal strahlte er zurück. Während der Meditation gegen Ende des Programms bedeutete sie ihm, sich neben sie auf das *Pitham* zu setzen. Als sie anschließend zu ihrem Stuhl ging, ließ sie ihn vor sich her durch die Menge laufen. Auch wenn er ihre Sprache nicht verstand, begriff er doch immer, was Amma von ihm wollte. Die Kommunikation in Liebe bedarf keiner Worte. Das Herz einer Mutter wird von ihren Kindern immer verstanden.

Amma spricht die Sprache der Liebe fließend und versucht sie auch uns beizubringen. Wir werden oft daran erinnert uns nicht zu *ver*lieben, weil es sich üblicherweise als Verblendung erweist, stattdessen aber Liebe zu *werden*. Es ist Liebe, die uns furchtlos, freimütig, stark und schlichtweg frei macht. Die Menschen haben um der Liebe willen schon unglaubliche Dinge fertig gebracht. Sie erschließt uns eine grenzenlose Kraft, ein unbegrenztes Potential, das ans Licht drängt.

2002 fragte eine amerikanische Prominente den afrikanischen Präsidenten Nelson Mandela, was er sich als Geschenk an seine Nation wünsche. Er antwortete einfach: „Bau mir eine Schule." In wenigen Jahren entstand auf dem trockenen Boden in Soweto, einer armen Stadt in der Nähe von Johannisburg, eine mehrere-Millionen-Dollar Konstruktion. Es entstand eine Schule für benachteiligte Mädchen; die Saat für eine neue Generation wurde gelegt.

Die Begründerin der Schule kam aus ärmlichen, unterdrückten Verhältnissen, weswegen sie der jüngeren Generation eine Chance geben wollte, diesem Unglück zu entkommen. Sie wollte ihnen all das geben, was sie nie hatte, als sie heranwuchs, weil sie wusste, dass diese jungen Leute die Führungskräfte von morgen sein würden. Ihr Geschenk der Liebe begünstigte somit viele junge Mädchen, und es erfüllte sie mit Freude, dass sich der Kreis in ihrem Leben geschlossen hatte.

Die Leute fragen sie oft, warum sie keine eigenen Kinder hätte. Sie antwortet, dass sie begriffen hätte, dass sie keine eigenen Kinder bräuchte, als sie die selbstlose Liebe in sich entdeckt hatte. Stattdessen konnte sie dabei helfen, die Kinder anderer Leute groß zu ziehen.

Ein Japaner erfuhr einmal eine gewaltige Offenbarung, als er ein kleines Haus renovierte. Als er eine der Wände einriss, fand er eine Eidechse, der ein Nagel im Fuß steckte. Als er sich den Nagel näher ansah, erkannte er, dass dieser wahrscheinlich schon zehn Jahre alt war, weil seit dieser Zeit nicht mehr an dem Haus gearbeitet worden war. Während er dasaß und die arme Eidechse verwundert betrachtete, fragte er sich, wie eine Eidechse so lange hatte überleben können, ohne sich zu bewegen. Er konnte sich einfach nicht vorstellen, wie sie es angestellt hatte, über all die Jahre hinweg an Futter zu gelangen. Doch plötzlich, wer hätte das gedacht, erschien eine andere Eidechse mit Beute in ihrem kleinen Maul und gab es der festsitzenden Eidechse. Bestürzt erkannte der Mann, dass diese zweite Eidechse ihren Gefährten wahrscheinlich zehn Jahre lang gefüttert hatte. Das, so erkannte er, war die Kraft der Liebe.

Während die obersten Stockwerke des Tempels in Amritapuri fertiggestellt wurden, halfen alle Ashrambewohner beim Ziegelstein-*Seva* mit. Wir assistierten den Arbeitern dabei, das ganze Baumaterial herbeizubringen, was bedeutete, die Steine und alles andere viele Stockwerke hinaufzutragen. Normalerweise war es schon schwer genug, die Treppen hochzusteigen, ohne irgendetwas zu tragen und selbst dann schnappten wir nach Luft und fragten uns, ob wir die Kraft hätten, je oben anzukommen.

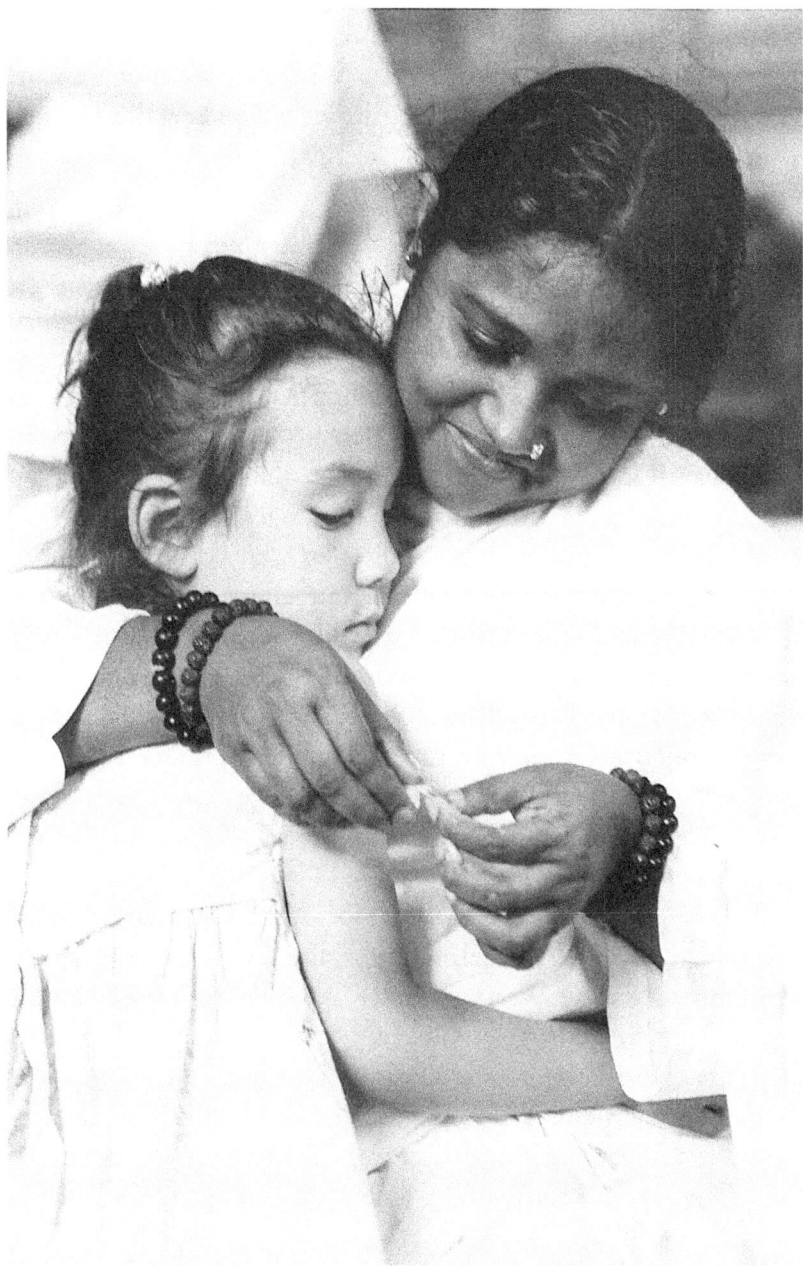

Doch während des Ziegelstein-Sevas waren wir in der Lage, zumindest ein paar der schweren Steine zu tragen; wenigstens einige Stunden lang. Nur durch das Wunder von Ammas Gnade fanden wir die Kraft, diese Gewichte viele Tage lang die Treppen hinaufzutragen. Liebe gibt uns die Kraft, jede Art von Last zu tragen.

Einen Monat bevor der Hurrikan Katrina die USA heimsuchte, wurde Mumbai von einer Flut heftig getroffen. Davor hatte der Tsunami die Küste Indiens verwüstet, wobei Tausende ums Leben kamen. Zu dieser Zeit waren Hunderttausende in Not und benötigten Nahrung und Kleidung. Überall öffneten die Menschen ihre Herzen und halfen anderen, wo immer es nötig war. An vielen Orten wurde Essen gekocht und zu denen gebracht, die es brauchten – niemand musste hungern. Wann immer es in Indien zu Katastrophen gekommen war, von Fluten bis zu Erdbeben, haben sich die Menschen umeinander gekümmert.

Im Punjab, einem Bundesstaat in Nordindien, stießen in den frühen Morgenstunden zwei Züge zusammen. Das ganze Dorf stand auf, um bei dieser Katastrophe zu helfen. Die Bauern kamen mit ihren Traktoren, um die Unfallstelle für die Rettungsarbeiten mit Scheinwerfern zu beleuchten. Sie opferten sogar ihre wertvollen Heuhaufen und machten riesige Lagerfeuer für die Überlebenden, die vor Kälte zitterten.

Aus einem nahegelegenen Tempel wurde ein provisorisches Krankenhaus. Der Bürgermeister stellte ein Team von Leuten zusammen, das die Wertsachen der Opfer verwaltete und auflistete. Nicht eine einzige Rupie ging verloren oder wurde gestohlen. Das Dorf hatte nur einige Tausend Einwohner, die es aber schafften, über eine Woche lang mehr als 50.000 Menschen zu ernähren. Liebe und Mitgefühl war die spontane Reaktion, die alle Grenzen von Kaste und Glaubenszugehörigkeit überwand.

Auch wenn nicht alle von uns solch heldenhafte Taten begehen können, können wir zumindest versuchen, unseren Mitmenschen gegenüber freundlich und hilfsbereit zu sein. Alle Handlungen können zu Handlungen selbstloser Liebe werden, wenn sie von Herzen kommen und ohne Erwartung getan werden.

Eines Tages kam ein sehr alter Mann zu Ammas Darshan in den Ashram. Er musste mindestens neunzig gewesen sein. Als er zu Amma hoch ging, sagte er mit ernstem Gesicht: „Amma, wenn du jemals jemanden mit *Einfluss* brauchst, lass es mich wissen. Mein Vater war nämlich Koch im Haus eines sehr einflussreichen Politikers. Also, lass es mich einfach wissen, wenn du irgendwann einmal Hilfe brauchst!"

Beide, sowohl der Vater des Mannes als auch der Politiker mussten längst schon tot sein, weil er selbst ja schon so alt war. Es war einfach das Einzige, was er Amma darbringen konnte, und so tat er es von ganzem Herzen und aus tiefer Liebe zu ihr.

Auch wenn es nur eine kleine Geste ist, sollten wir alle versuchen, anderen zu helfen, in welcher Weise auch immer. Unser Leben ist wie ein Echo – wir bekommen genau das zurück, was wir geben. Wenn wir Liebe schenken, wird sie mit Sicherheit zu uns zurückkehren.

Kapitel 8

Glaubenswunder

Wenn du zum Ende allen Lichts gelangst, das du kennst, und die Zeit gekommen ist, in die Dunkelheit des Unbekannten zu treten, bedeutet Glaube, zu wissen, dass eins von beiden Dingen geschehen wird: entweder dir wird etwas Festes gegeben, auf dem du stehen kannst – oder du lernst fliegen.

Edward Teller

Ebenso wie Gottvertrauen ist auch die Liebe nicht fassbar. Das Wesen des Glaubens lässt sich nicht beschreiben, dennoch ist er das Fundament des Lebens. Wir mögen wundersame Erfahrungen haben, die unseren Glauben stärken, aber er sollte davon nicht abhängig sein.

Gott braucht unseren Glauben nicht; wir sind es, die seine Gnade brauchen.

Ammas Schwager fuhr einmal zu seinem Geburtsort, um seine Mutter zu besuchen, aber sie wollte nicht mit ihm sprechen, was er nicht verstand. Er ging in einen Tempel und betete zu *Devi*: „Ich weiß nicht, warum meine Mutter nicht mit mir spricht und ich bin sehr traurig darüber."

Zur gleichen Zeit besuchte seine Frau den Ashram und ihr Sohn spielte gerade mit Amma. Amma sagte zu ihm: „O, dein armer Vater, er ist so traurig. Er betet im Tempel zu Devi, weil seine Mutter nicht mit ihm spricht. Sag ihm, er soll nicht traurig sein."

Als sie später nach Hause kamen, erzählte der kleine Junge seinem Vater, was Amma gesagt hatte. Sein Vater war verblüfft, weil er niemandem von seinem Gebet erzählt hatte. Er sprach mit seiner Frau darüber, weil er zu dieser Zeit nicht besonders viel Glaube an Amma hatte. Seine Frau versicherte ihm mit einem Lächeln, dass es für Amma keine besonders große Sache war, von seinem Gebet im Tempel zu wissen. Allmählich brachten ihn verschiedene Erlebnisse mit seiner göttlichen Schwägerin an den Punkt, wo er nicht mehr länger an ihrer Göttlichkeit zweifeln konnte.

Als Amma ein Teenager war und ihre ersten „Wunder" vollbrachte, wollte sie dafür nie irgendwelche Anerkennung. Wenn jemand behauptete, dass sie durch ein Wunder etwas Großartiges bewirkt hätte, sagte Amma: „Wir können nichts erschaffen, was nicht schon da ist."

Amma sagt, dass das wahre Wunder die Transformation des Geistes ist. Inneren Frieden zu erlangen – *das* ist das echte Wunder.

Es kann sein, dass Amma uns, um unseren Glauben zu stärken, unsere Wünsche erfüllt. Die Fälle, in denen sie Wünsche erfüllt hat, sind unzählbar, aber Amma will, dass wir über dieses sinnlose Verlangen hinaus gelangen. Ihr Schwerpunkt liegt darin, uns spirituelle Lehren zu geben.

Eine Massagetherapeutin, die in Amritapuri lebt, hatte ihren Beruf aufgegeben, kurz bevor sie Amma traf. Die vielen Schmerzen der Menschen, von denen sie wusste, dass sie weit über den körperlichen Schmerz hinausgingen, waren einfach zu viel für sie. Sie spürte, dass ihre Massagen niemandem wirklich helfen konnten, solange sie nicht ihre ungeteilte Liebe zu geben hatte.

Sie wusste, dass nur durch Amma die Fülle reiner Liebe in sie strömen konnte, nach der sie ihr ganzes Leben lang gesucht hatte.

Nachdem sie Amma zum ersten Mal begegnet war, hatte sie sofort den Wunsch, ihr durch Massage zu dienen. Eines Morgens beim Frühstück hörte sie, wie sich zwei Leute darüber unterhielten. Sie fragte sie, ob sie Amma auch irgendwann einmal massieren könne. Sie schüttelten die Köpfe und antworteten ihr, dass dies nicht möglich sei. Eine von ihnen sagte im Spaß, dass sie es versuchen und einfach fragen solle, aber Amma würde wahrscheinlich so etwas sagen wie: „Ja, ich ruf dich irgendwann einmal." Das machte sie traurig und sie dachte, sie sei zu unrein, um ihr auf diese Weise zu dienen.

Eine Woche später wurde ein Weihnachtsspiel im Ashram aufgeführt. Amma saß auf einem Stuhl, umringt von Ashrambewohnern, die sich die Aufführung ansahen. Die junge Frau sah, dass Amma sich den Hals rieb, so als hätte sie Schmerzen. Sie dachte, dass das für sie vielleicht die ideale Gelegenheit wäre, sie zu massieren. Die Therapeutin in ihr konnte es nicht ertragen, Amma mit Schmerzen zu sehen, im Wissen darum, dass sie vielleicht etwas tun konnte, um diese zu lindern.

Sie betete zu Amma, dass sie versuchen dürfe, ihre Schmerzen zu lindern. Sie betete um ein Zeichen, das ihr bedeuten würde sich ihr zu nähern, um sie zu massieren. Sie bat Amma innerlich um ein Zeichen, sich nach rechts zu drehen, wenn sie wolle, dass sie käme.

Sofort drehte Amma ihren Kopf nach rechts. Sie wurde ganz aufgeregt und betete nochmals, *O Amma, es tut mir leid, aber ich weiß nicht, ob das nur Zufall war. Ich will wirklich kommen, um dir das Einzige was ich kann darzubringen, aber ich bin nicht sicher, ob ich mich so zum Narren machen und durch die riesige Menge stapfen soll, also gib mir doch bitte noch ein Zeichen. Bitte dreh deinen Kopf noch einmal nach rechts.* Unverzüglich drehte Amma ihren Kopf nocheinmal zur rechten Seite.

Die Frau wurde extrem nervös und konnte nicht glauben, was da geschah. Sie begann an sich zu zweifeln und fürchtete sich vor der öffentlichen Demütigung, wenn sie sich vertan hätte. Sie dachte, *Warum habe ich nicht um ein deutlicheres Zeichen gebeten statt einer so gewöhnlichen Bewegung. In Ordnung, ich komme Amma, aber ich brauche noch ein eindeutigeres Zeichen. Bitte heb doch deinen rechten Arm.* Schnurstracks streckte Amma dramatisch den rechten Arm hoch in die Luft, um ihren Ärmel in Ordnung zu bringen.

Jetzt gab es für sie keine Zweifel mehr – sie musste einfach nur noch zu Amma hinübergehen. Trotz ihrer Angst stand sie auf und bahnte sich den Weg durch die Menge. Alle schauten sie komisch an und fragten sich, was sie von Amma wolle. Als sie bei ihr ankam, war sie sehr nervös. Amma schaute sie wegen ihres plötzlichen Erscheinens ein wenig erstaunt an. Sie kam sich so albern vor, lächelte aber immer noch und fragte: „Amma, soll ich deine Schultern massieren?" Amma begann, laut auf *Malayalam* zu sprechen. Sie entschied, dass sie ihr wahrscheinlich antwortete: *„Auf keinen Fall!"*

Da packte Amma mit einem breiten Lächeln ihr Kinn, zog sie an sich heran und küsste sie auf die Wangen. Die junge Frau nahm an, es bedeute: „Danke für dein Angebot".

Als sie sich umdrehte um wieder zurückzugehen, sagten alle *Brahmacharinis* begeistert: „Sie hat ja gesagt! Sie hat ja gesagt!" Sie bedeuteten ihr, sich hinter Ammas Stuhl zu stellen und mit dem Massieren anzufangen.

Sie stellte sich hinter Ammas Stuhl, doch ihre sonst so kompetenten Hände stoppten über Ammas Schultern. Sie betete inständig: *Du meine Güte, ich darf die Göttin des Universums massieren. Wie das? Ich weiß nicht, wie ich das machen soll. O große*

Göttin, wie soll ich dich massieren? In diesem Moment drehte sich Amma lachend um und sagte: „Drück!" Also begann sie, Ammas Schultern zu kneten. Während der gesamten Aufführung massierte sie Amma aus vollem Herzen. Als später jemand kam, um mit Amma zu sprechen und sie sich dadurch ablenken ließ, drehte sich Amma abrupt um und hieß sie sich wieder zu setzen. Sie setzte sich in die Nähe und war ein bisschen traurig darüber, dass sie ihre Konzentration verloren hatte, freute sich

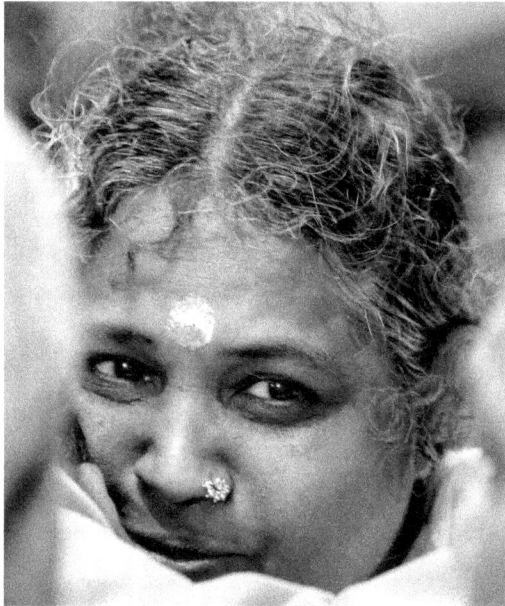

aber darüber, dass ihr Wunsch erfüllt worden war. Sie erkannte, dass es eine wertvolle Lehre für sie war, dass wir uns niemals von unserem Ziel ablenken lassen sollten.

Niemand konnte glauben, dass es Amma dieser Neuen erlaubt hatte, sie so lange zu massieren. Sie aber wusste, dass Amma ihr Gebet erhört hatte und ihr diesen Segen zukommen ließ, damit sie erkannte, dass sie ihre Begabung nicht verschwenden durfte, sondern anderen damit dienen sollte.

Einige Wochen später sagte ihr Amma, dass der einzige Weg rein zu werden darin liegt, anderen zu dienen. Auch wenn ihre Intention noch nicht völlig selbstlos wäre, sollte sie dennoch einfach weiter machen, dann würde ihr Ego langsam verschwinden. Sie arbeitet jetzt wieder als Masseurin und hat ihr Leben dem Ziel geweiht, durch den Dienst an anderen ein Instrument echter Liebe zu werden.

Unser Glaube wächst, wenn wir erkennen, dass Amma unsere Herzenswünsche wirklich hört.

Eine junge Australierin hatte ein bisschen Angst vor einer Zahnbehandlung, bei der ein Weisheitszahn gezogen werden sollte. Ihre Mutter versuchte sie zu beruhigen und sagte ihr immer wieder, dass Amma während der Operation bei ihr sein würde. Sie schlug ihr vor, sich vorzustellen, dass Amma in Form des Zahnarztes die Behandlung durchführen würde. Diese Idee gefiel ihr, und als sie die Anästhesie bekam, sang sie in Gedanken *My Sweet Lord*. Mit diesen Worten und dem Gedanken an Amma glitt sie in die Bewusstlosigkeit hinüber.

Als sie nach der Operation wieder aufwachte, hörte sie die Melodie von *My Sweet Lord*. Zuerst erschrak sie und meinte, dass sie noch träumen musste, merkte aber schnell, dass sie wach war. Als sie sich erstaunt umsah, dachte sie dann, dass sie halluziniere. Sie erkundigte sich beim Personal und entdeckte die Quelle des Liedes – es kam im Radio. Mit großer Freude erkannte sie, dass Amma die ganze Zeit bei ihr gewesen sein und auf sie aufgepasst haben musste.

Die Schwester einer Devotee lag nach einer Operation auf der Intensivstation. Jeden Tag bekam sie Besuch von einem kleinen Mädchen. Es war außerordentlich liebenswert und seine Gegenwart erfüllte die Frau mit Freude, die ihr die Energie gab, sich schnell wieder zu erholen. Das Mädchen streichelte ihre Stirn und deckte sie wenn nötig zu. Die Frau nahm an, dass sie die

Tochter einer der Schwestern oder eines anderen Patienten war. Sie fragte es nach seinem Namen, aber es antwortete nicht. Sie kam ein paar Tage lang jeden Tag, bis die Frau aus der Intensivstation verlegt wurde.

Als sie das Krankenhaus verließ, erzählte sie ihrem Bruder und den Krankenschwestern von dem wundervollen Kind, das ihr geholfen hatte, sich zu erholen. Die Schwestern antworteten, dass Kinder auf dieser Station gar nicht erlaubt seien und es absolut unmöglich war, dass dort ein Kind gewesen sei. Sie kamen zu dem Schluss, dass die Frau sich das eingebildet haben musste. Der Bruder der Frau kam während des Darshans zu Amma und erzählte ihr diese Geschichte.

Amma machte ein erstauntes Gesicht, drehte sich zu den anderen um, die auf der Bühne saßen und fragte unschuldig: „Wer könnte das kleine Mädchen gewesen sein?"

Ein Mann aus Kodungallur, der sich vor Jahren durch eine Bluttransfusion mit Hepatitis infiziert hatte, erzählte von seiner ersten Begegnung mit Amma. Er hatte schon verschiedene Behandlungen hinter sich, die aber alle nicht geholfen hatten, sodass er sich entschied, bei Amma Hilfe zu suchen. Als er zum Darshan ging, fragte er sie, ob sie ihm helfen könne. Sie sagte, er solle ihr etwas Krishna-*Tulasi* bringen. Als er zurückkam, zerdrückte sie die Tulasi-Blätter mit ihren Händen, bis ein paar Tropfen Saft heraustropften, den er trank und daraufhin schnell von der Hepatitis geheilt war.

Der Glaube, den Amma in uns erweckt, kann uns dabei helfen zu überwinden, was ansonsten unüberwindbar erscheinen mag.

Eine Frau, die auf dem Weg zu Ammas Abendprogramm war, entschied sich, auf dem Weg noch etwas trinken zu gehen. Eines kam zum anderen, und so war sie schließlich ziemlich betrunken. Da sie plötzlich das Gefühl hatte, die Gelegenheit verpasst zu haben bei Amma zu sein, fuhr sie weiter zum Veranstaltungsort. Als sie ankam, war das Gebäude verschlossen und das Programm schon lange zu Ende.

Nicht ganz Herrin ihrer Sinne entschied sie, in das Gebäude einzubrechen. Als sie drinnen war, lief sie nach vorne, setzte sich auf Ammas Pitham, weinte kummervoll und bereute sehr, so dumm gewesen zu sein, ihre Zeit mit Trinken verschwendet zu haben. Sie fühlte sich als absolute Versagerin. Am Schluss lag sie dort wo Ammas Füße gestanden hatten auf dem Boden.

Am nächsten Tag kam sie wieder zum Programm und gestand Amma reuevoll, was sie in der Nacht zuvor getan hatte. Amma war extrem sanftmütig und verständnisvoll. Sie war überwältigt von Ammas Sympathie und entschied, dass sie Amma nicht noch einmal enttäuschen konnte. Sie war Amma schon einige Male begegnet und hatte ihr von ihrem Problem erzählt, aber Amma hatte sie jedes Mal mitfühlend und liebevoll getröstet und nie mit ihr geschimpft. Durch Ammas Gnade hörte sie von diesem Tag an auf zu trinken.

Es gab eine Familie, die den Ashram in Indien jedes Jahr in den Ferien besuchte. Ihr Sohn, der ungefähr acht Jahre alt war hatte ein Problem mit nächtlichem Einnässen, was ihm zutiefst peinlich war. Es war mühsam für seine Eltern, die ständig sein Bett frisch überziehen mussten und er wurde oft deswegen gehänselt. Als sie wieder einmal im Ashram waren, war er so betrübt wegen dieser Sache, dass er darauf bestand, Amma in ihrem Zimmer zu besuchen. Er scheuchte Ammas Assistentin aus dem Zimmer, damit er sich Amma ganz privat anvertrauen konnte. Sobald er mit ihr alleine war, nahm er ihre Hand und führte sie zu seiner Hose und bat sie, ihn zu segnen, damit er sein Bett nicht mehr einnässen müsse. Amma sprang schockiert auf und rief nach den anderen, dass sie schnell kommen sollten. Sie lachte ohne Ende, berichtete ihnen was vorgefallen war und sprach von der absoluten Unschuld und dem Glauben des kleinen Jungen. Am nächsten Tag erzählte Amma die Geschichte während des Darshans. Dem Jungen machte das nichts aus, da er nämlich von diesem Tag an von seinem Leiden geheilt war und nie wieder Probleme damit hatte. Wir erinnern uns gerne an diese Geschichte mit dem kleinen Jungen, der nun ein paar Jahre älter ist und mit den anderen zusammen darüber lachen kann.

Wenn wir uns dem Guru unschuldig, ernsthaft und mit Offenheit nähern, werden wir auf den rechten Pfad geführt, auch wenn wir immer wieder Fehler machen. Diese Haltung der Arglosigkeit hilft uns auch dabei, tiefen Frieden und Zufriedenheit in unserem Leben zu erlangen.

Normalerweise kommen die Leute mit einer vorgefassten Meinung zu einem Guru. Es ist schwierig, keine bestimmten Erwartungen zu haben, weil wir dazu tendieren, den Guru intellektuell zu beurteilen. Aber das Bewusstsein, in dem sich der Guru bewegt, ist weit jenseits von allem, das wir mit dem Verstand begreifen könnten. Glaube zusammen mit Hingabe und kindlicher Offenheit ermöglicht uns ein tieferes Verständnis.

Abraham Lincoln ist ein Beispiel für jemanden, der unermesslichen Glauben und Ausdauer hatte. Regelmäßig verlor er die Wahlen, verlor aber niemals den Mut. Immer wieder nahm er an den Wahlen teil und wurde schließlich Präsident der Vereinigten Staaten von Amerika. Aufgrund seiner Entschlossenheit, seines Glaubens und harter Arbeit profitierte die gesamte Nation von seinem Dienst. Obwohl er ein permanenter Verlierer war, wurde er zu einem unglaublichen Erfolg. Hinter jeder Niederlage verbarg sich für ihn nur wieder eine weitere Möglichkeit, sich zu verbessern.

Einige verlieren ihre Hingabe, wenn Schwierigkeiten auftauchen. Diese Art von Glaube hat nichts mit Hingabe zu tun,

sondern basiert auf irgendwelchen Erwartungen. Wahrer Glaube muss unerschütterlich sein, nur so werden wir spirituell wachsen.

Ein Dorfbewohner hatte ein kleines Geschäft nahe dem Ashram, das von den vielen Besuchern des Ashrams profitierte. Er war Amma für seinen plötzlichen Erfolg sehr dankbar und ihr deswegen sehr ergeben. Dann gab es einige unerwartete Schwierigkeiten, mit dem Ergebnis, dass er sowohl sein Geschäft als auch seine Familie verlor. Wegen dieser Tragödien verlor er dann auch seine Hingabe an Amma.

Wenn wir festen Glauben haben, dann kann er nicht erschüttert werden. Unser Glaube hilft uns, schweren Zeiten genauso zu begegnen wie Zeiten, in denen alles glatt läuft. Wenn unser Glaube erschüttert werden kann, dann war es letzten Endes kein wahrer Glaube.

Amma drängt oft darauf, dass wir uns anstrengen sollen, dann wird die Gnade mit Sicherheit zu uns fließen. Diese Erfahrung hat auch eine junge Südamerikanerin gemacht. Als sie neun Jahre alt war, wurde bei ihr eine erblich bedingte Augenkrankheit diagnostiziert. Die Ärzte hatten ihr gesagt, dass sie mit ungefähr 18 völlig erblinden würde. Sie machte sich oft Gedanken darüber, wie es mit ihrem Leben dann weiter gehen solle. Als sie 15 war, begegnete sie Amma und vertraute sich ihr an. Amma sagte, dass sie sich um ihr Augenleiden nicht länger sorgen solle und sie sich darum kümmern würde.

Nachdem das Mädchen die Schule beendet hatte, war sie sich nicht sicher, welchen Beruf sie erlernen sollte und fragte Amma um Rat. Amma schlug vor, dass sie Medizin studieren solle. Sie war völlig erstaunt darüber, weil sie nie angenommen hätte, dass sie dafür klug genug wäre. Auch hatte sie ihr ganzes Leben lang nur naturheilkundliche Medizin genommen, weswegen sie diese Vorstellung überwältigte. Trotzdem bestand Amma darauf, dass sie es einfach versuchen solle, und so schrieb sie sich voller Zuversicht am AIMS-College ein.

Manchmal gab es Schwierigkeiten, besonders wegen des zu bewältigenden Lernpensums und wegen ihrer schwachen Augen. Auch mit der Sprache war es nicht leicht für sie, weil sie erst ein paar Jahre zuvor begonnen hatte Englisch zu lernen und mit ihren Dozenten und Kommilitonen nicht richtig kommunizieren konnte.

Es gab Anlässe, bei denen die Lehrer sie vor den Mitstudierenden bloß stellten. Sie beharrten darauf, dass es verrückt von ihr sei, ein solch schwieriges Studium zu verfolgen. Selbst für die begabten jungen Leute, die die Landessprache gut verstanden, sei es schon hart genug. Die Dozenten fragten sie, wie sie darauf käme, anzunehmen dass sie mit den anderen Studenten mithalten könne, angesichts all der Hindernisse. Sie drängten sie dazu, stattdessen etwas Einfacheres zu lernen, zum Beispiel Krankenpflege oder Zahnmedizin. Sie war ziemlich niedergeschlagen deswegen und ging zu Amma, um sie um Erlaubnis zu bitten, das Studium abbrechen zu dürfen. Amma schaute sie an und sagte: „Amma will, dass du weitermachst, du musst es versuchen. Als Amma dir sagte, dass du zum Studium hierher kommen sollst, hatte das einen bestimmten Zweck. Wenn du es wirklich versuchst, wirst du es schaffen."

Das liegt nun alles schon ein paar Jahre zurück. Ammas einfache ermutigende Worte gaben ihr die Kraft, alle Schwierigkeiten durchzustehen. Als sie die Prüfung schließlich mit guten Noten bestanden hatte, begannen sogar die Professoren, Vertrauen in Amma zu entwickeln.

Wenn ein Mahatma etwas zu uns sagt, kann es sein, dass wir seine Worte nicht gleich richtig zu deuten wissen. Aber wenn wir unser Herz öffnen, dann wird sich uns die genaue Bedeutung letztendlich offenbaren.

Einer der Ashrambewohner informierte die anderen darüber, dass er nach Übersee in seinen Geburtsort reisen müsse. Er ging zu Amma, um ihr zu sagen, dass er gehen würde. Amma sagte: „Nein, du wirst nicht gehen". Der Übersetzer und er versuchten Amma zu erklären, dass er Amma nicht fragen würde, ob er gehen solle, sondern sie einfach nur darüber informieren wolle, dass er gehen werde. Amma sagte noch einmal: „Nein, du wirst nicht gehen." Der Mann war verblüfft. Er wollte nicht mit Amma streiten, deshalb ging er ziemlich verwirrt davon. Kurz darauf fand er heraus, dass er an seinem geplanten Abreisetermin gar keinen Flug mehr bekommen konnte, außerdem gab es noch ein paar Probleme mit seinem Ticket, von denen er noch nichts wusste – aber Amma in ihrer eigenen göttlichen Weise wusste das alles.

Als wir 2006 während der Nordindien-Tour Indore besuchten, warteten eine Menge Überraschungen auf uns. Es gab gewaltige Menschenmassen, die sich nicht kontrollieren lassen wollten. Doch inmitten dieses Chaos ereigneten sich viele wundervolle Geschichten von Leuten, deren Leben sich drastisch veränderte. Ich hörte zum Beispiel die Geschichte von einer Frau, die seit drei Monaten im Koma lag und auf einer Bahre zu Amma gebracht wurde. Zwei Tage, nachdem sie Ammas Darshan erhalten hatte, erwachte sie ohne Schaden aus dem Koma.

Die Frau, die all die Behinderten zu Ammas Darshan brachte, erzählte mir ihre eigene Geschichte. Sie war alleinerziehende Mutter von drei Kindern. Als die Kinder einen Monat vor Ammas Programm das erste Mal von Amma hörten, verliebten sie sich sofort in sie. Den ganzen Monat lang wollten sie weder Radio- noch Filmmusik hören, was sie sonst immer taten. Von morgens bis abends liefen nur noch Ammas Hindi-*Bhajans*.

Die Kinder wollten bei den Vorbereitungen von Ammas Programm mithelfen und liefen viele Kilometer, um in der Stadt Poster aufzuhängen und Programmhefte zu verteilen. Sie gingen zu Behinderteneinrichtungen, um die Menschen dort zum Programm einzuladen. Das 14-jährige Mädchen und ihr 10-jähriger Bruder halfen dabei mit, die Vorbereitungstreffen in ihrem Haus zu arrangieren, bei denen die Transporte der Leute koordiniert wurden. Alle warteten aufgeregt auf Ammas Besuch.

Am Abend des Programms kleidete sich das Mädchen in einen bunten Sari und trug eine Krone auf dem Kopf, in der Hand trug sie die indische Fahne. Sie stellte Bharat Mata (Mutter Indien) dar und schritt zur Begrüßung ein kurzes Stück vor Amma her. Als wir uns unseren Weg auf die Bühne bahnten, bekam sie aber plötzlich schreckliche Angst vor dem wilden Gedränge der aufgeregten Menge. Als sich die Bühne mit aggressiven und nicht mehr zu kontrollierenden Menschen füllte, die auf keinen Fall von der Bühne herunter wollten, brach schließlich heilloses Chaos aus. Noch schlimmer war der Bereich um die Bühne herum – die Leute, die dort standen, waren völlig aus dem Häuschen.

Bharat Mata stand völlig erstarrt direkt vor der Bühne. Amma packte sie und brachte sie rasch auf die Bühne. Die war zwar völlig überfüllt, aber trotzdem machten die Menschen dem verängstigten Mädchen Platz, damit sie in unserer Nähe sitzen konnte. Das Entsetzen stand ihr noch immer ins Gesicht geschrieben und Tränen liefen ihr die Wangen hinunter.

Im Verlauf des Abends entwickelte sich das absolute Chaos zu einem teilweise kontrollierbaren Chaos. Bharat Mata blieb den ganzen Abend auf der Bühne. Als ich später die Gelegenheit hatte, mit ihr zu sprechen, sagte sie, dass sie so glücklich darüber sei, mit Amma hier sein zu können. Auch wenn die Menschenmasse sie geängstigt hatte, hatte sie sich doch seit langem nach Ammas Darshan und der Chance, neben ihr sitzen zu können, gesehnt. Genau dafür hatte sie gebetet und alle ihre Wünsche waren wahr geworden.

Unsere unschuldigen Wünsche wird uns Gott mit Sicherheit eines Tages erfüllen. Ein Besucher aus Nordindien kam einmal für einige Tage in den Ashram. An seinem Ankunftstag gab es keinen öffentlichen Darshan, weshalb er sich entschloss, in der Küche mitzuhelfen. Er hatte aber große Sehnsucht nach Ammas Darshan und betete aufrichtig um irgendein Wunder, das ihm diesen doch noch ermöglichen würde. Er beschloss zu fasten, bis er Amma sehen würde. Nachdem er viele Stunden gearbeitet hatte, duschte er, zog sich um und ging wieder in die Nähe der Küche, falls es dort noch mehr zu tun gäbe.

Ein paar Leute brachten einen Stapel Stühle, die für ein Treffen mit einigen wichtigen Gästen und Journalisten in Ammas Haus hinüber gebracht werden mussten. Der Mann bot seine Hilfe an und half die Stühle in Ammas Zimmer zu tragen. Plötzlich schloss jemand hinter ihm die Tür, und er fand sich mit Amma und nur einigen wenigen anderen eingeschlossen wieder. Er war überrascht, aber sehr glücklich und setzte sich leise in eine Ecke. Amma sprach mit etlichen der Gäste und beantwortete anschließend noch die Fragen der Journalisten. Eine der Fragen betraf das Vollbringen von Wundern. Amma sprach ziemlich lange darüber und gab ihnen vor der Abreise noch Darshan. Nur einer blieb im Raum zurück. Amma rief ihn zu sich und fragte ihn, woher er käme. Er sagte, er sei aus Puna und erklärte, dass er den ganzen Tag in der Küche gearbeitet hatte und einfach nur dabei geholfen hatte die Stühle hoch zu tragen, bevor sich die Tür hinter ihm geschlossen hatte. Er gab zu, dass er sich Ammas Darshan sehnlichst gewünscht hatte, auch wenn er wusste, dass heute kein öffentlicher Darshan-Tag war. Amma hatte seine Gebete definitiv erhört.

Wir mussten lachen – da war wieder ein Wunder, und der Reporter hatte es gerade verpasst. Wir dachten, der Mann sei einer der wichtigen Gäste gewesen. Ehrlich gesagt, er *war* der wichtigste Gast des Tages, weil er so hart gearbeitet hatte. Mit seiner Arbeit, seinem Glauben und seiner unschuldigen Sehnsucht hatte er sich seinen Darshan verdient und dazu noch einen Apfel von Amma, um sein Fasten zu brechen.

Eine Australierin erzählte mir von ihrem brennenden Wunsch, einmal Ammas Füße verehren zu dürfen. Sie wollte Amma mit ihrem Wunsch nicht belästigen, konnte aber ihre Sehnsucht danach nicht vergessen. Als Amma später im selben Jahr in Australien war, reiste sie mit einer Gruppe von Leuten ans Meer, wo sich diese Frau neben Amma in knöcheltiefem Wasser stehend wieder fand. Es war eine seltene Gelegenheit, mit nur so wenigen Leuten bei Amma zu sein. Sie erkannte, dass Mutter Natur ihr die Antwort auf ihre Gebete gab und kniete sich voller Hingabe nieder, um vorsichtig ein paar Hände voll Meerwasser über Ammas Füße zu gießen. Ihre Gebete waren erhört worden und ihr lang gehegter Wunsch hatte sich endlich erfüllt.

Amma erhört alle Gebete eines unschuldigen Herzens – selbst ihre eigenen! Die Nächte von Ammas jährlichem Programm in Kozhikode sind immer sehr lang. Es war in einer dieser Nächte, als Amma nach dem Ende des Darshans in den frühen Morgenstunden in ihr Zimmer zurückkam. Sie hatte den ganzen Tag über nicht viel gegessen, sodass ihre Assistentin dachte, dass sie bestimmt hungrig sein müsse und ihr darum einen besonderen Leckerbissen, einen *Unniappam*, aufgehoben hatte. Nachdem Amma diesen gegessen hatte, sagte sie dass sie noch einen wolle. Ihre Assistentin erklärte ihr, dass keiner mehr da sei und es schon schwierig genug gewesen sei, nur einen aufzuheben. Amma behauptete aber in einer nun kindlichen Weise, dass sie nicht die Wahrheit sagen würde und Amma genau wüsste, dass es noch einen gäbe. Die Assistentin versicherte aber, dass sie die Wahrheit sagen würde und wirklich kein einziger mehr da sei. Amma beharrte jedoch weiterhin darauf, dass das nicht stimmen würde und ging in den angrenzenden Küchenbereich, um dort weiterzusuchen.

Ich stand in einer Ecke der Küche und nahm Ammas Umriss war, als sie hereinkam. Im Dunkeln erkannte ich sie fast nicht. Die Assistentin folgte ihr, immer noch erklärend: „Amma, ehrlich, es sind keine mehr da!"

Amma betrat die Küche und ging schnurstracks zum Tisch, langte in die Dunkelheit und fand einen Unniappam, der dort inmitten von Küchenutensilien und vieler anderer Dinge auf dem Tisch lag. Sie schnappte ihn sich, ohne zu suchen und sagte: „Da bist du ja!"

Amma ging glücklich davon. Ihre Assistentin und ich waren beide total verblüfft, dass Amma im Dunkeln gefunden hatte, wonach sie suchte und das inmitten von Millionen anderer Dinge, die auf dem Tisch lagen. Die Assistentin musste das Gesagte zurücknehmen, während Amma ihren zweiten Unniappam zu essen bekommen hatte. Es war eine weitere Folge der Geschichten von Ammas wundersamen Kräften, diesmal in einem eher alltäglichen Kontext.

Kapitel 9

Unermessliche Gnade

*Manchmal verfalle ich in Selbstmitleid – wo mich doch
leuchtende Wolken
über den Himmel tragen.*

Indianisches Sprichwort

Amma hat gesagt, dass die Menschen wachsen und ihr göttliches Potential verwirklichen können. Es ist uns gegeben, in diesem Leben Vollkommenheit zu erreichen. Wir sollten uns jedoch auch daran erinnern, dass in einem einzigen Moment alles verloren werden kann. Der Tod folgt uns, gleich einem Schatten, immer auf den Fersen. Wie ein ungeladener Gast kann der Tod herbeischleichen und uns alles nehmen. Aus diesem Grund sagt Amma, dass wir in jedem Moment auf den Tod gefasst sein und ihn mit einem Lächeln willkommen heißen sollten.

An einem stark besuchten Darshan-Tag in Indien kam die Großmutter eines kleinen Mädchens an einem Gehstock zu Amma und sagte ihr, dass sie ihren Körper verlassen wolle.

Amma entgegnete: „Würde deine Familie dich nicht vermissen?"

„Nein. Amma soll mich bitte gehen lassen." Amma war nur zögerlich damit einverstanden. Eine Viertelstunde nach dem Darshan fiel die alte Frau in der Nähe des Fahrstuhls um und starb. Auch wenn der Tod normalerweise als eine traurige Angelegenheit betrachtet wird, so freuten sich doch alle sehr für sie, da sie Ammas Segen erhalten hatte und die Gnade, so schnell und ohne Schmerzen gehen zu dürfen. Ihr Herzenswunsch war erfüllt worden.

Manche lässt Amma gehen und andere lässt sie bleiben. Eine neue Bewohnerin des Ashrams in Amritapuri hatte als Krankenschwester in den USA gearbeitet. Als sie das erste Mal in Amritapuri war, ging sie mit auf die Tour zum Programm in Kozhikode in Nordkerala, um dort einige sehr intensive Tage zu verbringen. Sie war so glücklich darüber, das erste Mal mit Amma zu reisen, da sie davon schon lange geträumt hatte.

Während des Programms rief Amma einmal alle Westler auf die Bühne. Wegen ihrer rheumatischen Arthritis musste die Frau auf einem Stuhl sitzen. Weil sie niemandem die Sicht versperren wollte, setzte sie sich ganz an den Rand der Bühne. Nach ungefähr einer Stunde, in der sie sich ganz ruhig auf Amma konzentriert hatte, kippte ihr Stuhl plötzlich aus heiterem Himmel nach hinten und drehte sich. Während sie von der Bühne fiel, fühlte sie intuitiv ganz stark, dass ihr Körper sterben werde. Sie fiel direkt auf ihren Kopf und nahm einen leuchtenden Blitz wahr, bevor alles dunkel wurde.

Das Nächste woran sich erinnern konnte, waren die Tour-Ärzte, die sich über sie beugten und ihr Fragen stellten, aber sie konnte kein einziges Wort formulieren. Während sie sie untersuchten, stellte einer der Ärzte eine akute Gehirnschwellung fest, ein anderer meldete, dass sie keine Reflexe mehr hätte und ihr Körper sehr kraftlos sei. Sie konnte ihren Körper überhaupt nicht fühlen und der einzige Sinn, der in Ordnung war, war ihr Gehör. In ihrem Herzen rief sie nach Amma. Der einzige Gedanke, an den sie sich noch erinnert, war: *Amma, ich bin doch gerade erst hierher gekommen, bitte lass mich noch bei dir bleiben, lass mich noch nicht gehen.* Die Leute, die um sie herum standen berichteten, dass die einzigen Worte, die sie immer wieder sagte: *„Amma, Amma, Amma."* waren.

Ganz plötzlich spürte sie, wie sie ihren Körper verließ und nach oben schwebte, wobei sie sich noch immer über eine Schnur mit ihrem Körper verbunden sah. Sie schwebte nach oben und hörte die Schreie der Leute unter sich, allerdings nur sehr leise. Sie fühlte sich Kilometer weit weg und wusste, dass sie dabei war zu sterben.

Man trug sie auf einer Bahre zu Amma, die sich ganz nahe über sie lehnte, sodass sie Ammas Gesicht sehen konnte. Amma legte ihre Hände auf die Brust der Frau und fragte sie, wie sie sich fühle, sie betastete ihren Hinterkopf und sah die ganze Zeit über sehr besorgt aus. Sie legte ihre Hand auf die Stirn der Frau, die ihre Augen daraufhin automatisch schloss. Die Frau hatte das Gefühl, an einem Ort tiefen Friedens zu sein, der von goldenem Licht umstrahlt war und es kam ihr vor wie eine Ewigkeit. Dann nahm Amma ihre Hände von ihrem Körper. Die Augen der Frau öffneten sich und sie war zurück in ihrem Körper. Amma begann ihr Gesicht und ihre Hände zu küssen. Nach ein paar Küssen fragte sie: „Okay? Mehr?" und küsste sie noch ein paar Mal.

Sie hatte das Gefühl, dass Amma wie eine Ärztin war, die sich vom Zustand ihrer Patientin ein Bild machte und ihr dazu verhalf, wieder mit der Welt in Kontakt zu treten. Dann sagte Amma: "Schnell, schnell, scannen, scannen!", worauf sie sofort ins Krankenhaus gebracht wurde. Das CT zeigte sowohl starke Schwellungen zwischen Schädelknochen und der Kopfhaut wie auch Blutungen der Kopfhaut. Die Ärzte sagten zu ihr, dass es wie ein Wunder sei, da solch schwerwiegende Blutungen außerhalb des Gehirns fast immer mit einer tödlichen Gehirnverletzung einhergehen.

Während sie in der Notaufnahme lag, begannen die Funktionen sich langsam zu normalisieren, sie konnte wieder sprechen und ihre Hände bewegen. Sie wurde in den Amritapuri-Ashram zurückgebracht und durfte drei Wochen lang nur flach auf dem Rücken liegen. Ab und zu ging sie zu Ammas Darshan, wo Amma ihre eigene Art der Untersuchung betrieb und darauf bestand, dass sie sich ausruhen und eine Halskrause tragen solle, wenn sie sich bewege. Nach der dritten Woche fragte Amma sie, ob sie irgendwo Schmerzen hätte. In diesem Moment erkannte sie, dass ihre arthritischen Schmerzen vollkommen verschwunden waren. Amma lächelte verschmitzt und sagte: „Vielleicht Kragen ab in ein paar Tagen, wir werden sehen." Eine Woche später ließ Amma sie die Halskrause abnehmen. Die Ärzte sahen in ihrer Genesung einen Akt der Gnade und die Frau weiß, dass es nur Ammas Gnade war, die sie am Leben erhalten hatte.

Es gibt endlose Geschichten über Ammas gerade noch rechtzeitiges Einschreiten, um ihre Kinder vor größerem Unheil zu bewahren. Eine Devotee aus Sri-Lanka, die auf der Australien-Tour 2006 mithalf wurde gefragt, ob sie beim Programm in Perth ein paar Blumengirlanden für Amma anfertigen wolle. Sie arbeitete drei Tage lang sehr viel und verzichtete sogar manchmal auf Schlaf. Als eine Art Belohnung durfte sie Amma am Flughafen mit einer Blumengirlande verabschieden, worüber sie sich sehr freute. Zu ihrer großen Überraschung nahm Amma die Girlande nach einer Weile wieder ab und gab sie ihr zurück, was sehr ungewöhnlich ist. Direkt danach griff Amma die Tochter dieser Frau aus einer Gruppe von Mädchen, die auf sie warteten, heraus und begann mit Mutter und Tochter weiterzulaufen. Auf dem Weg holte sie die Großmutter aus der Menge heraus und lief dann mit allen dreien weiter. Ein Stück weiter hielt sie an und griff sich den Ehemann der Frau, worauf sie allen vieren eine herzliche Umarmung schenkte. Alle waren erstaunt darüber, dass Amma die Familienmitglieder von den verschiedenen Plätzen herauspickte und sie alle zusammenbrachte, obwohl sie noch nie gemeinsam beim Darshan gewesen waren. Ein paar Monate später verunglückte der Ehemann der Frau bei der Arbeit auf einem Grubengelände. Nachdem er mindestens sieben Minuten lang lebendig in Gestein eingeklemmt war, zog man ihn bewusstlos heraus und brachte ihn mit dem Krankenwagen ins Krankenhaus. Weil fast alle seine Rippen und die Schulterblätter gebrochen waren, wurde er für einige Wochen in ein künstliches Koma versetzt. Die Ärzte waren nicht sicher, ob er überleben würde – und wenn er überlebte, könnte es sein, dass er bleibende Schäden davontragen würde.

Die ganze Stadt betete für seine Genesung. Zur Überraschung aller war er schnell außer Lebensgefahr. Seine Fortschritte waren für die Ärzte ein Rätsel. Erst nach Monaten begriff die Familie, warum Amma ihnen diesen besonderen gemeinsamen Segen gegeben hatte.

Als sich der Mann vollständig erholt hatte, zeigten sich die lokalen Zeitungen sehr interessiert an seiner Geschichte. Er sagte ihnen, dass er daran glaube, dass es Ammas *Sankalpa* war, das ihn gerettet hatte. Er hatte den Eindruck, dass sie von dem Unfall wusste, bevor er geschah. Er begriff, dass der Darshan, den sie zusammen hatten, eigentlich ein lebensrettender Segen von Amma war. Seine Familie und er sind Amma für immer dafür dankbar, dass sie ihm das Leben zurückgegeben und sie wieder vereint hat.

Eine Europäerin, die seit langer Zeit im Ashram lebt, vertraute mir einmal an, dass sie immer besorgt darüber war, nicht genug Geld zu haben, um mit Amma in Indien leben zu können. Sie wollte nicht zurückgehen um Geld zu verdienen, sondern im Ashram bleiben und für Amma arbeiten. Sie sprach mit niemandem darüber, betete aber insgeheim zu Gott, er möge eine Lösung für sie finden. Sie fragte sich, ob Gott sie hören würde.

Eines Tages rief Amma sie von sich aus zu sich und sagte ihr, dass sie im Ashram bleiben solle, auch wenn sie kein Geld hätte. Durch ihre hingebungsvolle Haltung wurden ihre stillen Gebete erhört.

Eine Devotee in Bangalore erholte sich gerade von einer größeren Operation, weswegen sie nicht auf dem Boden sitzen konnte. Während Ammas Besuch in Bangalore kam sie zum Programm und entschied sich, spät am Abend in die Essenshalle zu gehen und zu Abend zu essen. Zuvor hatte sie gesehen, dass in der Halle nur ein einziger Stuhl stand, weswegen sie befürchtete, dass sie im Stehen essen müsse. Als sie den Raum betrat, sah sie dass der Stuhl noch frei war, obwohl sich sehr viele Menschen dort befanden. Sie spürte, dass Amma selbst durch diese kleine Geste bei ihr war, sie begleitete und ihr auf dem Weg der Genesung die Hand hielt.

Wenn wir uns ernsthaft von ganzem Herzen bemühen, dann wird mit Sicherheit Gnade zu uns fließen. Eine der jungen Studentinnen, die im Ashram lebt erzählte mir, dass sie zwei Hausarbeiten für ihr Studium zu Ende geschrieben hatte, während sie auf der Tour war und trotzdem den ganzen Tag am Bücherstand arbeitete. In der übrigen Zeit hatte sie unter den verrücktesten Bedingungen gelernt – auf der Toilette und unter dem Tisch – und ständig mit so viel Ablenkung um sich herum. Später war sie völlig von den Socken, als sie für genau diese beiden Arbeiten die höchste Punktzahl erhalten hatte. Wir dachten, dass das wirklich ein konkreter Beweis dafür war, dass Gnade zu uns fließen wird, wenn wir uns aufrichtig bemühen.

Eine der Brahmacharinis, die an der Amrita-Universität unterrichtet, sagte dass der Unterricht immer dann nicht gut funktioniert, wenn sie meint, sie wüsste etwas über das Thema, welches sie unterrichten wollte. Wenn sie jedoch erkennt, dass sie tatsächlich überhaupt nichts weiß, dann füllt Ammas Gnade die Lücken und der Unterricht klappt prima.

Die Haltung von „Ich" und „Mein" ist das größte Hindernis auf dem Weg, Gottes Gnade zu erlangen. Wenn wir in der Lage sind, unsere Haltung der Selbstwichtigkeit fallen zu lassen, dann können unglaubliche Wunder geschehen. Amma selbst ist das größte Beispiel dafür, was passiert, wenn man wahrhaft selbstlos wird. Jede ihrer Handlungen ist von Göttlichkeit durchdrungen. Amma ist die Verkörperung von Liebe und Mitgefühl.

Da war ein kleiner Junge, der jeden Tag mit einer Blume aus dem Kindergarten nach Hause kam, um sie auf den Altar vor Ammas Bild zu legen. Eines Tages brachte er eine wirklich schmutzige Blume mit und seine Mutter sagte, er solle sie doch lieber nicht auf den Altar legen. Er erwiderte, dass sie Amma trotzdem gefallen würde, auch wenn sie schmutzig wäre. Dagegen konnte seine Mutter nicht wirklich etwas sagen, also schwieg sie.

Später im selben Jahr kam Amma auf ihrer jährlichen Nordindien-Tour auch nach Mumbai und der kleine Junge machte sich auf den Weg zu ihr. Er sagte zu seiner Mutter, dass Amma ihm all die Blumen wieder zurückgeben würde, die er ihr geopfert hatte. „Hast du sie deswegen dort hingestellt?" fragte seine Mutter.

Der Junge verteidigte sich und verneinte das. Als sie zu Ammas Darshan gingen, stand er da und streckte die Hände aus. Amma nahm eine große Hand voll Blumen und streute sie über seinen Kopf, aber noch immer stand er mit ausgestreckten Händen da. Da nahm Amma noch eine Hand voll Blumen, drückte sie in seine Hand und schloss sie darüber, damit die Blüten nicht herausfallen konnten. Sie sagte zu ihm: "Hier! Sind wir jetzt quitt?" Er schaute seine Mutter an und sagte: „Siehst du, was hab ich gesagt!"

Amma sagt, dass sie jeden gleichermaßen liebt, aber manchmal ziehen die unschuldige Liebe und Hingabe von jemandem

ihre Gedanken in seine Richtung. Wenn ihr Geist zu jemandem hingezogen wird, wenn sie sich immer wieder an jemanden erinnert, dann empfindet Amma, dass dies Gnade ist.

Es gab einmal eine Situation, in der ich Amma in genau diesem Zustand sah und spürte, dass ihre Gnade ganz bestimmt floss. Es war nach einem dreitägigen Programm in Trivandrum. Amma hatte während des Programms fast keine Zeit zum Ausruhen und teilweise nur eine Stunde Pause zwischen dem Morgen- und Abendprogramm.

Nach dem letzten Abendprogramm standen noch vier Stunden Hausbesuche auf dem Plan. Es war schon fast Mittag und wir fuhren los, ohne geschlafen zu haben. Unmittelbar vor dem letzten Besuch erwähnte Amma wie müde sie sei, aber man könne nichts daran ändern, weil sie auch den letzten Besuch versprochen hätte.

Auf dem Weg dorthin sahen wir einen älteren Mann, der mit einigen anderen Devotees an der Straße wartete. Sie sollten mit einem Auto vor uns herfahren, um uns den Weg zu zeigen. Ammas Gesicht hellte sich auf, als sie sah, dass es jemand war, der seit vielen Jahren ihr Devotee war. Bei unserer Ankunft sprangen die Männer auf und bestiegen ihr Auto. Ein paar Sekunden später sprangen sie wieder heraus und begannen das Auto anzuschieben, um ihm Starthilfe zu geben, weil die Batterien anscheinend leer waren. Wir lachten bei dem lustigen Anblick, der der Beginn unseres erinnerungsträchtigsten Hausbesuchs war.

Als wir unser Ziel endlich erreichten, waren wir überwältigt von der riesigen Menschenmenge, die auf Ammas Ankunft wartete. Es war eine sehr arme Gegend, aber die Menschen waren voll tiefer Ergebenheit. Wir bahnten uns unseren Weg durch die Menge, den langen Fußpfad hinunter, der mit weißen Tüchern ausgelegt war, um Ammas nackte Füße zu schützen. Schließlich erreichten wir ein winziges Holzhaus.

Die Menschen waren so voller Hingabe und jeder forderte lautstark, in Ammas Nähe sein zu dürfen. Es dauerte eine Weile, bis wir an allen vorbei waren, um in den *Puja*-Raum zu gelangen. Der Devotee und seine Frau machten eine *Padapuja*, bei der sie zwei kleine dünne Goldkettchen um Ammas Füße legten.

Sie waren überglücklich, da es schon seit Jahren ein Traum von ihnen gewesen war, dies tun zu dürfen. Nachdem die Puja beendet war, fragte Amma den Mann, wie es um seine Gesundheit bestehen würde. Wie ein kleines Kind antwortete er: „O Amma, ich konnte die letzten zehn Tage gar nicht schlafen, weil ich wusste, dass du kommen würdest."

Normalerweise nimmt Amma die Familien mit in einen anderen Raum, um ein paar Minuten persönlich mit ihnen zu sprechen. Als sie sich umschaute, erkannte sie jedoch, dass es keine anderen Räume gab, da das Haus im Grunde nicht mehr war als eine einfache Hütte. Amma sagte zu den beiden, dass sie jetzt ein bisschen schlafen müssten, nachdem sie gegangen wäre, da sie wüsste, dass die Frau an Diabetes litt und ihr Mann sich erst kürzlich einer Bypass-Operation hatte unterziehen müssen. Amma spürte, dass sie die ganze Nacht wach geblieben waren und machte sich Sorgen um sie.

Die Menschen, die zusammen gekommen waren, warteten begierig auf Ammas Prasad. Anstatt ihnen einfach etwas in die Hand zu drücken, entschied sich Amma, jedem Einzelnen Darshan zu geben. Ich war ziemlich erschrocken, weil über 100 Leute da waren und weil ich wusste, dass Amma so müde war – sie aber wollte jeden von ihnen einzeln segnen. Wir wurden von den aufgeregten Menschen, die auf Ammas Darshan warteten, von der einen in die andere Richtung geschoben.

Ich suchte Zuflucht in der Nähe des kleinen Puja-Raums am Rand der Menge. Eine der lokalen Devotees saß darin und betete unter Tränen, überwältigt von Hingabe und erzählte Gott all ihre Probleme. Sie schien so abgrundtief traurig und verzweifelt zu sein. Unsere Fotografin war zutiefst bewegt und begann ihr spontan ihren eigenen „Darshan" zu geben. Ich war überrascht, als ich mich umdrehte und sah, wie sie die Frau fest umarmte und ihr die Tränen wegwischte. Amma war auf der einen Seite des Raums und gab jedem zügig Darshan und unsere Fotografin saß drei Meter entfernt in dem winzigen Puja-Raum und tröstete die Frau auf ihre Weise, indem sie sie herzlich umarmte. Allein die Gegenwart von Ammas überwältigender Liebe kann unser Herz vor Mitgefühl zum Überfließen bringen.

Am Ende des Darshans bahnten wir uns wieder einen Weg durch die aufgeregte Menge nach draußen zum Auto. Als wir losfuhren, dachte ich zuerst, dass Amma an die absolute Grenze ihrer Belastbarkeit gelangt war, stattdessen aber war sie völlig verzückt. Sie lächelte glückselig und alle Anzeichen von Müdigkeit waren verschwunden.

Sie sagte: „Das war wundervoll. Ich bin so glücklich, dass ich die Gelegenheit hatte, ein solch armes Haus zu besuchen. Sie können nicht viel besitzen, haben mir aber diese goldenen Fußkettchen geschenkt. Ich sollte sie wirklich zurückgeben, aber wir könnten ihnen stattdessen auch etwas Geld geben."

Sie beauftragte die Brahmacharini die uns fuhr damit, dass sie sich darum kümmern solle, dass sie alle notwendigen Medikamente und was sie sonst noch bräuchten, bekommen würden, und dass sie dieses besorgen solle. Ich konnte sehen, dass Ammas Herz vor Liebe und Sorge um dieses ältere Ehepaar überfloss. Auch nachdem wir schon lange gefahren waren, dachte Amma noch immer an sie und erinnerte die Brahmacharini daran, ihnen zu helfen. Sie sagte: „Oh ich hoffe, dass sie jetzt ein bisschen Schlaf bekommen, ich weiß, sie haben nicht geschlafen und ich mache mir Sorgen um ihre Gesundheit, wenn sie es nicht tun."

Auch wenn sie selbst in den letzten Tagen nicht mehr als ein paar Stunden geschlafen hatte, machte sie sich Sorgen um den Schlaf und die Gesundheit ihrer Kinder. Ich konnte wirklich sehen, wie Ammas Gedanken und ihr Herz aufgrund deren unschuldiger Hingabe zu diesen Menschen hingezogen wurde. Ich konnte fühlen, wie Ammas Gnade zu ihnen strömte.

Oft denken wir, dass nur jemand, der es verdient hat, etwas bekommen sollte. Aber Amma in ihrer allumfassenden Liebe spürt, dass gerade die, die etwas nicht verdient haben, eine Chance bekommen sollten. Wie können sie sonst lernen, sich zu verändern?

Als wir einmal in die USA einreisten und gerade die Einreiseformalitäten durchgingen, fragte der Mann am Schalter Amma, ob ihr Ehemann mit ihr reisen würde. Ich antwortete an ihrer Stelle und übersetzte ihr dann, was er gesagt hatte. Ich musste in mich hineinlachen bei dem Gedanken an eine verheiratete Amma. Amma machte ebenfalls ein überraschtes Gesicht, als ich ihr auf Malayalam wiederholte, was der Mann sie gefragt hatte.

Amma schaute weiterhin sehr überrascht drein, sodass ich es noch einige Male wiederholte und es schließlich noch einmal auf Englisch sagte. Doch Amma schwieg. Als wir den Flughafen später verlassen hatten und in einem Camper fuhren, lachte Amma, als sie erzählte, was ich für sie übersetzt hatte. Sie erzählte allen, dass ich auf Malayalam gesagt hatte, dass der Beamte vom Immigrations-Schalter gefragt hätte, ob sie irgendwelche Kakerlaken dabei hätte. Amma dachte, dass wegen der gegenwärtigen strengeren Überprüfungen kontrolliert wurde, ob in Indien einige dieser Schaben in ihr Gepäck geklettert waren.

Amma sagt im Spaß, dass sie den Sinn für ihre eigene Sprache verloren habe, seit sie so viel Zeit damit verbringt, denen von uns zuzuhören, die Malayalam nicht richtig sprechen. Amma akzeptiert uns, ganz gleich wie viele Fehler wir machen – unaufhörlich strömen Fluten ihrer Gnade auf uns nieder. Sie könnte clevere, junge und intelligente Leute in ihren Diensten haben, aber wegen irgendeines unbekannten Grundes – einem Akt der Gnade – erlaubt es Amma Leuten wie mir, ihr zu dienen. Ihr Mitgefühl und ihre Geduld sind in der Tat noch größer als ihre Liebe.

Kapitel 10

Unablässiges Bemühen

„Was ist das Geheimnis Ihres Erfolges?" fragte
jemand Dr. George Washington Carver. Er
erwiderte: „Ich bete, als hinge alles von Gott ab,
dann arbeite ich, als hinge alles von mir ab."

Als der Buddha auf seinem Sterbebett lag, sah er seinen jungen Schüler Ananda still weinen. „Warum weinst du Ananda?" fragte er.

Ananda entgegnete: „Weil das Licht der Welt gerade dabei ist zu verlöschen und wir uns dann im Dunkeln befinden werden."

Mit letzter Kraft sprach der Buddha die Worte, die seine letzten auf Erden sein sollten: „Ananda, Ananda, sei du selbst ein Licht."

Amma erinnert uns immer wieder an dasselbe. Sie sagt uns: „In Wahrheit verfügen wir alle über unbegrenzte Kapazitäten. Wir gehen mit unserem kleinen Licht in der Hand durch die Dunkelheit und fragen uns, wie wir damit unseren Weg finden sollen – dabei müssen wir einfach nur Schritt für Schritt weitergehen, dann wird die Dunkelheit langsam verschwinden."

Manche wünschen sich, das Ziel ohne große Anstrengung zu erreichen. Sie suchen immer nach irgendeiner Abkürzung, ohne sich selbst großartig anstrengen zu müssen. Aber wie Amma sagt – je mehr Rabatt gewährt wird, desto mehr sinkt die Qualität. Wir sind faul geworden. Amma weist darauf hin, dass Selbstverwirklichung nicht gegeben werden kann. Sie kann nur durch das allmähliche Aufblühen des Herzens geschehen, durch unablässiges Bemühen seitens des Suchenden – was in der Gnade des Gurus gipfeln kann, aber sie kann nicht erzwungen oder eingefordert werden.

Amma gibt immer ihr Bestes, um uns als Vorbild zu dienen. In den frühen Jahren des Ashrams war Amma die Erste, die morgens zu arbeiten anfing, was auch immer es zu tun gab. Sie stellte die ersten Ziegelsteine her, die für den Bau des Ashrams benötigt wurden und war die Erste, die in den Klärtank stieg, um ihn zu putzen. Als die ersten Bewohner in den Ashram kamen, sagte Amma zu ihnen, dass sie nie wie Parasiten werden, sondern hart arbeiten und genügsam sein sollten – und Amma war immer diejenige, die uns dies vorlebte. Sie hat nicht durch bloße Worte gelehrt, sondern durch ihr persönliches Beispiel.

Amma brachte den Brahmacharis bei, wie man hohle Ziegelsteine aus Zement und Sand herstellt. Jeder von ihnen sollte zehn Stück machen. Amma sagte ihnen, dass sie sich merken sollten, wie viel Zement und Sand sie jeweils benutzt hatten, um sicher zu gehen dass sie sie im richtigen Verhältnis gemischt hatten.

Einer der Brahmacharis schrieb die Menge von Sand und Kies, die er verwendet hatte, in den Sand. Nach einer Weile aber vergaß er dies, sodass er manchmal ein bisschen zu viel Kies dazu gab. Dann dachte er, *Oh, es ist mehr Zement, also muss ich ein bisschen mehr Sand dazu geben.* Dann gab er ein bisschen mehr Sand dazu, und so ging das immer weiter. Nach einer Weile fing er schließlich damit an, die Steine zu formen. Als er mit seinen zehn Steinen fertig war, hätte er von der übrig gebliebenen Mischung noch gut und gerne zehn weitere Ziegelsteine herstellen können, aber er dachte nur, *Meine zehn Steine sind fertig, also kann ich ja aufhören. Soll der Rest doch sonstwo bleiben* und ging zurück zu seiner Hütte.

Als Amma das überschüssige, verschwendete Material auf dem Boden herumliegen sah, rief sie nach dem Brahmachari und fragte: „Warum hast du so viel Material verschwendet?"

Er antwortete: „Amma, ich habe meine Pflicht getan. Du wolltest, dass ich zehn Steine mache und wie du siehst, sind sie fertig. Ich weiß nichts von der übrig gebliebenen Menge."

Amma hört nie damit auf, den Ashrambewohnern beizubringen, wie man wachsam und bewusst selbstlos arbeitet. Dies ist keine einfache Aufgabe, da unsere *Egos* so zäh und stur sind.

Als das Programm in Palakkad 2006 zu Ende war, fuhren wir direkt weiter zum nächsten nach Trissur. Als wir im Auto saßen, erwähnte Amma, dass sie gerne ein bisschen Zeit mit den Brahmacharis verbringen würde, die pausenlos gearbeitet hatten, um die Häuser in Nagapattinam für die Tsunami-Opfer zu bauen. Während der gesamten Fahrt war sie in Gedanken ständig bei ihnen und versicherte sich immer wieder, dass ihr Auto in der Nähe war. Bei der Ankunft war meine erste Frage: „Wo kann ich schlafen?" Ammas erste Frage war: „Wo sind die Brahmacharis? Ruf sie!"

Wohin wir auch gehen – sobald wir in einer neuen Stadt ankommen, setzt sich Amma mit den Leuten zusammen und unterhält sich eine Weile mit ihnen, auch wenn wir die ganze Nacht unterwegs waren. Es ist ihr egal, wie müde sie ist oder wie spät es ist. Als wir 2005 wieder unterwegs waren, kamen wir nach fast 48 Stunden, in verschiedenen Flugzeugen, endlich in Zürich an, von wo aus unsere Europa-Tour startete. Nach der Ankunft im Haus eines Devotees schaffte es Amma nicht einmal bis zu ihrem Zimmer. Sie setzte sich mit den hiesigen Devotees in den Korridor vor ihrem Zimmer und fing an, all ihre neuen Bhajans auf Deutsch zu üben, weil sie weiß, wie glücklich es die Menschen macht, Amma in ihrer Muttersprache singen zu hören. Auch wenn sie physisch erschöpft sein mag, wie wir auch, hat

Amma die Geisteskraft, die sie über diese physischen Grenzen hinausträgt.

Man kann beobachten, dass Ammas Haltung, auch wenn sie viele Stunden in derselben Position sitzen muss, normalerweise immer perfekt bleibt. Wenn wir hingegen auf der Bühne sitzen – und ich muss gerade einmal einen Bruchteil der Zeit dort verbringen, die Amma dort sitzen muss – bin ich oft dabei, mich umzusetzen und herumzuzappeln. Amma aber verharrt völlig ruhig in derselben Position, auch wenn sie so wie ich Schmerzen in den Beinen haben mag.

Amritavarsham 50 war ein extrem hektischer Vier-Tages-Event mit zahlreichen Programmen, aber mit wenig zu Essen und kaum Schlaf für uns. Am Ende des letzten Programms ruhte sich Amma ein bisschen aus, bevor sie in den Ashram zurückfuhr.

Einer der Swamis, der sonst nicht mit Amma reiste, hatte die seltene Gelegenheit, auf dem Beifahrersitz mitfahren zu dürfen. Amma war dabei die Aufräumarbeiten zu besprechen, die nun geleistet werden müssten, um sicher zu stellen, dass das Stadion wieder absolut sauber verlassen werden würde. Nachdem wir ein kurzes Stück gefahren waren, hielt sie den Wagen plötzlich an und bat den Swami zurückzugehen, um nachzusehen, dass die Toiletten anständig geputzt wurden und alles in einem besseren Zustand war als wir es angetroffen hatten. Er war glücklich darüber, die Gelegenheit mit ihr zu fahren opfern zu können, da er wusste, wie viel Amma daran lag, dass ein Beispiel gegeben wurde, indem wir das Stadion in gutem Zustand verlassen würden.

Amma rief einen anderen Brahmachari zu uns, während wir weiter fuhren. Auf dieser Fahrt zurück zum Ashram konnte ich mich kaum wach halten. Amma hingegen, die im 24-Stunden-Rhythmus über 50.000 Menschen Darshan gegeben hatte, war hellwach. Sie saß den ganzen Weg von Cochin bis Amritapuri an der Kante des Rücksitzes und diskutierte die Veranstaltungen der letzten Tage mit uns. Während sie aufrecht dasaß, den Rücken ganz gerade und nie die Rücklehne berührte, fiel ich erschöpft immer wieder auf die andere Seite der Rückbank. Ich bin wie eine Batterie, die nach einer bestimmten Zeit leer ist, nicht wie Amma, die immer direkt mit der Quelle verbunden ist.

Während der Nordindien-Tour 2006 waren wir für ein paar Tage in Mumbai. Nach einem langen öffentlichen Programm kamen wir zurück, um im Nerul-Ashram, in einem Randbezirk der Stadt, zu übernachten. Amma hatte sich überhaupt nicht ausgeruht und war die ganze Nacht über nicht ein Mal zur Toilette gegangen. Bei der Ankunft im Ashram ging sie sofort hinüber auf eine Seite der Haupthalle, um das Durcheinander dort zu inspizieren.

Amma hat die Angewohnheit, immer direkt da hinzugehen, wo irgendwelche Dinge verborgen sein könnten, die nicht gefunden werden wollen. Genau dort wird sie hin gehen. Sie fing an, die nutzlosen Dinge aufzuräumen, um Ordnung zu schaffen. Da der Platz sehr begrenzt war, schaffte sie Raum für die Leute, die zu den Programmen kommen würden. So durchforstete sie die ganze Halle und anschließend noch das Gelände um den Ashram herum. Zum Glück tauchen immer gleich eine Menge williger Helfer auf, wenn Amma anfängt zu arbeiten. Wenn sie eine Arbeit initiiert, dann weiß sie, dass diese sehr schnell beendet werden kann.

Als sie so ihre Runde um das Ashramgebäude machte, putzte und umräumte, fand Amma all die Bereiche, die übersehen worden waren. Da stand ein Stapel Kisten vom Bücherstand, von dem sie wusste, dass er dort wahrscheinlich bleiben und Platz wegnehmen würde. Sie forderte uns auf, die Kisten wegzuräumen, damit noch mehr Leute Platz zum Sitzen haben würden. Amma setzt sich immer für das Wohl anderer ein, auch nach einer langen Darshan-Nacht, um uns zu zeigen, dass die Arbeit nie beendet ist.

Zusätzlich zu allem anderen was sie tut ist Amma die allzeit wachsame Gebäude-Inspektorin. Nichts von dem, was jemand vielleicht lieber versteckt hätte, entgeht ihrem Blick. Auch wenn Amma keine höhere Bildung genossen hat, ihr Wissen und ihre Anleitungen erstrecken sich auf die unterschiedlichsten Gebiete.

Als wir letztes Jahr in Ammas Ashram in Trissur ankamen, wurden wir von einem Blitzlichtgewitter der Pressefotografen überrascht. Die Blitze waren so stark, dass ich danach nicht mehr richtig sehen konnte.

Um so mehr erstaunte es mich, als wir danach zu Ammas Zimmer weitergingen, und sie kurz davor stehen blieb, auf den Boden zeigte und sagte: „Schau!" Sie zeigte auf einen schmalen Riss im Betonboden. Ich habe keine Ahnung, wie sie das erkennen konnte, während ich von den Blitzen der Kameras immer noch halb blind war. Amma sagte: „Sie haben das Wasser nicht ordentlich dazu gegossen, als sie den Boden betoniert haben." Amma betrat ihren Raum sichtlich enttäuscht über den Mangel an Aufmerksamkeit und Sorgfalt seitens der Arbeiter. Amma entgeht niemals etwas, weil sie in jeder Situation hellwach ist.

Die wenigen Male, die wir im AIMS waren, haben die Ärzte immer wieder voller Stolz versucht, Amma die neueste medizinische Technik zu zeigen, die sie erworben hatten. Anstatt ihre Ausrüstung zu bewundern, untersucht Amma für gewöhnlich den Boden auf aufgeplatzte Stellen und fehlende Deckenplatten und zeigt ihnen, wo Leute nachlässig gearbeitet haben.

Ständig ist sie darum bemüht uns zu zeigen, wie man richtig handelt und achtet darauf, dass wir nichts falsch gebrauchen oder verschwenden.

In Santa Fe endete ein Abendprogramm einmal sehr spät und wie immer war es am Vormittag des nächsten Tages, als der

Darshan geendet hatte. Es verging dann noch einige Zeit, bis wir uns hinlegen konnten. Alle waren natürlich erschöpft – alle bis auf Amma. Sie nutzte diesen ruhigen Moment im Haus aus, um der Küche einen Besuch abzustatten und begann Eiscreme zu essen, die sie im Kühlfach gefunden hatte. Ihre Assistentin folgte ihr heimlich und ängstigte sich, als sie sah, was Amma zum Frühstück aß. Sie kam schnurstracks in mein Zimmer, weckte mich auf und rief, dass Amma nicht auf sie hören wolle und dass ich doch kommen und versuchen solle, Amma davon abzuhalten, noch mehr Eis zu essen. Es waren eher entmutigende Aussichten, als ich darüber nachdachte, wie ich wohl die göttliche Mutter des Universums davon abhalten könnte Eis zu essen, wenn sie das wollte.

Glücklicherweise hatte Amma, als ich in die Küche kam, schon damit aufgehört (sie musste wohl gehört haben, dass ich auf dem Weg war und aus Furcht vor mir beschlossen haben, nicht weiter zu essen) und erzählte den wenigen Leuten, die um sie versammelt waren, Geschichten von früher.

Sie erzählte eine Geschichte aus den Anfangsjahren des Ashrams, als sie einmal in die Küche kam und einen Brahmachari dort vorfand, der seine Hände hinter dem Rücken versteckte, mit einem Fuß auf einem Sack Reis stand und versuchte, einen unschuldigen Ausdruck auf sein Gesicht zu zaubern. Amma, die wusste was los war, schaute hinter den Sack, der in dem kleinen Vorratsraum lag. Zu seinem Schrecken entdeckte sie den Teller, den er gerade dort versteckt hatte sofort. Als sie den Deckel des Tellers anhob, fand sie eine riesige Portion Reis und eine ordentliche Menge *Sambar* darüber gestreut und einen weiteren Löffel Reis obendrauf, damit man nicht sehen konnte, was darunter war. Sie tadelte ihn dafür, so viel von dem Pulver genommen zu haben, von dem er wusste, dass es den Übungen für *Brahmacharya* nicht förderlich war. In jenen Tagen fiel das Essen manchmal etwas spärlich aus, weswegen jeder von uns seine eigene raffinierte Methode erfand, etwas Essbares aus den begrenzten Möglichkeiten, die die Küche hergab, zu kreieren. Auch wenn wir oft versuchen, etwas vor Amma zu verbergen, wird sie doch immer herausbekommen, was wir getan haben.

Vor vielen Jahren, während des ersten Retreats in Australien, wohnten wir in einem bäuerlichen Dorf an der Küste von Somers, in der Nähe von Melbourne. Nach dem morgendlichen Darshan ging Amma zurück zu dem Haus, in dem sie untergebracht war. Sie ging in die Küche, geradewegs hinüber zum Komposteimer und griff hinein. Sie zog eine halbe Kokosnuss heraus und sagte zu dem Mädchen, das an diesem Tag kochte: „Was ist das, Tochter?"

Das Mädchen murmelte: „Das ist eine halbe Kokosnuss, Amma." Amma fragte nach: „Und was hat die in der Mülltonne zu suchen?"

Das Mädchen erwiderte: „O, sie war etwas schimmlig." Amma griff nach einem Löffel, kratzte den kleinen Schimmelflecken ab und erwiderte: „Der Rest kann immer noch kleingeraspelt und zum Kochen verwendet werden. Verschwende keine Lebensmittel, Tochter."

Amma hat in ihrem Leben so viel Leid gesehen, verursacht durch Armut und Mangel an Lebensnotwendigem, weswegen sie sehr streng mit uns ist, wenn sie sieht, dass wir etwas unnötig verschwenden. Jeden Tag kommen hunderte von Menschen zu ihr mit herzzerreißenden Geschichten ihrer Schwierigkeiten und Nöte, wie Mangel an ordentlichem Essen, Geld oder Medizin. Deswegen verpasst Amma keine Gelegenheit zu versuchen, uns wichtige Dinge in unserem täglichen Handeln zu vermitteln. Sie versucht ihr bestmögliches, uns immer in die richtige Richtung zu leiten.

Hunderte von Menschen stellen ihr täglich Fragen und schreiben ihr Briefe. Amma versucht sie alle zu beantworten, aber sie hat ihre eigene Art, dies zu tun. Es kann sein, dass wir nicht immer eine direkte Antwort bekommen, aber wir sollten darauf vertrauen, dass sie uns gehört hat. Manchmal antwortet sie uns nicht, weil sie sagt, dass es Dinge gibt, die wir direkt vom Leben selbst lernen müssen.

2004 hatte Amma das Gefühl, dass irgendetwas die USA-Tour unterbrechen könnte. Es stellte sich heraus, dass das Parlament der Weltreligionen Amma dazu einlud, im Rahmen einer Konferenz in Barcelona die Hauptrede zu halten. Anfänglich zögerte sie, sagte am Ende aber doch zu, um ihren europäischen Kindern die Freude zu bereiten, sie in diesem Jahr zwei Mal zu sehen. Die Devotees kamen von überall her – aus Finnland, England, Deutschland, Frankreich, Dänemark, der Schweiz usw. Sie waren alle aus dem Häuschen, Amma zu sehen.

Amma hatte angekündigt, dass sie nach ihrer Rede einen spontanen Darshan geben würde. Sie würde kein Prasad verteilen, nur einen kurzen Darshan geben für diejenigen, die es wollten. Am Ende wurde Amma eingeladen in einem Zelt Darshan zu geben, das eine Gruppe von Sikh bereitstellte, die aus London angereist waren, um kostenloses Essen an alle Konferenzteilnehmer zu verteilen. Amma gab all den tausenden von Menschen, die auftauchten, einen langsamen, liebevollen Darshan. Es gab keine offiziellen Darshan-Warteschlangen oder Tickets und die Swamis und die Musiker sangen und spielten ohne Sound-System in dem schwach beleuchteten Zelt.

Als Amma den Darshan beendete, verteilte sie Essen an alle, die noch im Zelt waren. Sie überwachte auch die Aufteilung und das Servieren des Essens. Die vorgesehene Portion, bestehend aus einem Apfel, drei Chapatis und Curry wurde auf einen Viertel Apfel, einen Chapati und einen Klecks Curry reduziert. Amma benötigte über eine Stunde, um das Essen, das für 150 Leute gedacht war an 1000 Köpfe sorgfältig zu verteilen. Alle waren

in glückseligem Zustand, nachdem ihnen das Essen so liebevoll serviert worden war und konnten nicht glauben, dass Amma so viel von sich geben konnte.

Um 3 Uhr früh erreichten wir schließlich unsere Unterkünfte. Wir waren am Rande der Erschöpfung, da wir am selben Morgen direkt aus den USA angereist waren und in ein paar Stunden wieder zurück mussten. Aber Amma war immer noch voller Tatendrang. Sie wollte sich nicht wie der Rest von uns schlafen legen, sondern über verschiedene Punkte ihrer Rede sprechen.

Niemand kann jemals mit Amma mithalten. Tatsache ist, dass es mehrere Leute braucht, die in verschiedenen Schichten arbeiten, um mit ihr Schritt zu halten.

Einer der Swamis nahm Amma am Arm und geleitete sie zu dem Zimmer, in dem sie sich ausruhen sollte und bat sie darum, doch zu versuchen etwas zu schlafen, bevor er liebevoll die Tür hinter ihr schloss. Alle anderen zogen sich in ihre Räume zurück, überglücklich darüber, dass sie sich endlich etwas ausruhen konnten, jetzt wo Amma wohlbehalten in ihrem Zimmer untergebracht war.

Wir schliefen alle sehr schnell ein, doch kurz darauf wurde ich durch Ammas Lachen wach. Sie stand in unserer Zimmertür und lachte darüber, wie wir aufgereiht wie die Sardinen dalagen und schliefen. Niemand sonst wachte auf, weil alle so unendlich müde waren. Ich dachte, ich würde Amma etwas Freiheit gewähren, darum folgte ich ihr nicht.

Als wir ein paar Stunden später aufstanden, stellte sich heraus, dass Amma überhaupt nicht geschlafen hatte. Wir bestiegen das nächste Flugzeug, nachdem wir weniger als 36 Stunden in Barcelona verbracht hatten und flogen zurück, um die USA-Tour fortzusetzen. Wer fliegt auf diese Weise ständig um die halbe Welt, nur um die Menschen glücklich zu machen? Nur Amma.

Sie wird nie müde, anderen zu dienen. An öffentlichen Darshan-Tagen in Amritapuri gibt Amma manchmal von morgens bis abends durchgehend Darshan. Sie muss so erschöpft sein nach diesen langen Darshans, aber aus Mitgefühl geht sie meistens für die Bhajans direkt auf die Bühne, um uns allen damit ein Beispiel zu geben. Amma verpasst keine Gelegenheit, ihre Kinder zu inspirieren – in nimmermüder Liebe eines gottverwirklichten Wesens. Unser Schicksal ist eigentlich das Ergebnis unserer Bemühungen der Vergangenheit. Um Gnade zu erlangen, müssen wir uns heute anstrengen, wenn möglich schon im Kindesalter.

Ein achtjähriges Mädchen, das zu Besuch im indischen Ashram war, war ganz angetan vom morgendlichen *Archana*, an dem sie fast jeden zweiten Tag mit ihrer Mutter teilnahm. Ihre Mutter hatte sie nie dazu aufgefordert, aber wenn sie ihre Tochter am Morgen weckte, stand das Mädchen sofort auf, nahm ihr Archana-Buch und wollte los. Ihre Mutter dachte anfänglich, sie würde nach den ersten Namen einschlafen, zu ihrem Erstaunen aber blieb sie wach bis zum tausendsten Namen. Manchmal wusste sie nicht mehr, auf welcher Seite sie waren und fragte ihre Mutter danach, die es ihr dann zeigen musste – auf diese Weise musste die Mutter wacher sein als jemals zuvor.

Nach den 1000 Namen und dem Arati gingen sie in den inneren Tempelbereich, um die Statue von Kali zu sehen und ihre Schönheit zu bewundern. Nach ihrem ersten Archana sagte sie zu ihrer Mutter, dass sie die Namen nicht richtig aussprechen könne. Ihre Mutter versicherte ihr, dass das normal sei und dass die meisten Erwachsenen das auch nicht könnten. Ihre Tochter erwiderte arglos, dass sie auf jedes Mantra mit ihrem persönlichen Mantra antworte. Ihre Mutter war sehr berührt von diesen zusätzlichen Bemühungen ihrer Tochter.

Wenn wir im Westen reisen, fragen mich die Menschen oft, warum wir so hart arbeiten. Wenn wir uns aber anschauen was

Amma tut, die sich nie ausruht und immer nach neuen Wegen sucht, um anderen zu dienen – wie können wir dann müßig herumsitzen? Wie können wir ihr jemals auch nur einen Bruchteil dessen zurückgeben, was sie uns gegeben hat?

Als ich jung war und die Schule beendet hatte, schrieb ich mich für eine Ausbildung zur Krankenschwester ein, obwohl es eine dreijährige Warteliste dafür gab. Ich arbeitete zwei Jahre lang und in dieser kurzen Zeit erkannte ich die Seichtheit weltlichen Lebens. Einige Jahre lang dachte ich nicht mehr ans Arbeiten – dann aber traf ich Amma.

Ich erkannte meinen Weg, als Amma mich immer wieder ermutigte, hart zu arbeiten. Indem wir hart arbeiten und anderen dienen, können wir uns selbst vergessen. Wenn wir uns selbst vergessen und unsere gesamte Zeit dazu nutzen, anderen bei der Lösung ihrer Probleme zu helfen, dann wird sich automatisch um uns gekümmert werden.

Ein erwachter Meister gibt uns etwas so Wertvolles wie das Verständnis vom Sinn des Lebens, ohne etwas im Gegenzug dafür zu verlangen. Ich finde, das Einzige, das wir zurückgeben können ist ein wenig Zeit aufzubringen, um für eine gute Sache zu arbeiten. Wir haben nichts anderes zu bieten. Wir können uns nur darum bemühen. Genau dieses kleine bisschen an Bemühung – diese innere Haltung, zu tun was wir können – wird Gnade bringen.

Amma wurde einmal von jemandem gefragt: „Was ist Gnade und wie funktioniert sie?" Amma antwortete: „Das Leben ist Gnade. Wir brauchen Gottes Gnade für alles, was wir tun. Ohne sie können wir in dieser Welt nicht leben. Ein mitfühlendes Herz wird immer Gnade erfahren."

Kapitel 11

Der Rhythmus des Lebens

Es geht im Leben nicht darum, wie schnell du rennen
oder wie hoch du klettern kannst – sondern darum,
wie schnell du dich wieder hochrappeln kannst.

Anonym

A mma sagt, dass alles in der Natur einem Rhythmus unter-
liegt – der Wind, der Regen, das Meer und auch das Wachstum der Pflanzen. In gleicher Weise hat auch das Leben selbst
einen Rhythmus – der Fluss des Atems, selbst unser Herzschlag.
Unsere Gedanken und Handlungen erschaffen den Rhythmus
und die Melodie unseres Lebens. Wenn wir den Rhythmus in
unserem Denken verlieren, spiegelt sich das in unseren Handlungen wieder, was wiederum die Schwingungen unseres gesamten
Lebens durcheinander bringt.

Es ist nötig, den Rhythmus von Körper, Geist und Seele zu
bewahren, nicht nur unserer eigenen Gesundheit und Lebenszeit,
sondern um der gesamten Menschheit und der Natur willen. Der
Verlust dieses Gleichklangs spiegelt sich in unserer Umwelt und
unserer Gesellschaft wieder, in Katastrophen wie Erdbeben und
Tsunamis. Das Gleichgewicht der Natur ist abhängig von den
Menschen.

Wenn wir die Gesetze der Natur gewaltsam missachten, werden wir die Konsequenzen schmerzhaft zu spüren bekommen.
Diese Schmerzen erinnern uns aber daran, dass irgendetwas mit

unserer Lebensweise nicht stimmt. Je länger wir dieselben Fehler machen, desto mehr Auswirkungen werden sich anhäufen und desto mehr Schmerzen werden wir ertragen müssen. Die Wirkungen unserer Handlungen kommen auf uns zurück – sowohl die Guten als auch die Schlechten.

Ein Nachrichtensender berichtete über die folgende Geschichte. Ein bewaffneter Einbrecher betrat einen Shop, ging zur Kasse und legte eine 20-Dollar-Note auf den Tresen. Als der Kassierer die Kasse öffnete, verlangte der Mann: „Gib mir alles Geld, was da drinnen ist – schnell!" Der Kassierer, der die Waffe in seiner Hand sah, räumte hastig die Kasse aus und gab es ihm. Der Dieb nahm es, verstaute es eilig in seiner Tasche und rannte nach draußen. In der Eile vergaß er aber die 20 Dollar wieder einzustecken, die er auf den Tisch gelegt hatte.

Zum Zeitpunkt des Überfalls waren nur knapp 14 Dollar in der Kasse. Anstatt einen Verlust zu haben, machte der Shop, durch den Überfall, 6 Dollar Gewinn. Wenn wir der Natur unseren selbstsüchtigen Willen aufdrängen und den natürlichen Kreislauf der Ereignisse stören, weil wir versuchen eine Abkürzung zu nehmen, werden wir für gewöhnlich in der einen oder anderen Weise den Kürzeren ziehen. Wir sollten lieber nach Möglichkeiten suchen, das Gleichgewicht und die Harmonie in unserem Leben und der Welt wieder herzustellen.

Ein kleiner Welpe hatte die mörderischen Wellen des Tsunamis überlebt. Wegen seines enormen Überlebenswillens wurde er Bhairavi genannt. Da wir ihn im Ashram nicht behalten konnten, nahm ihn eine freundliche Devotee mit zu sich nach Hause. Diese Frau litt an einer chronischen Erkrankung und als sie einen rötlichen Ausschlag an ihren Füßen entwickelte, nahm sie an, dass es Symptome ihrer Krankheit seien. Sie konsultierte verschiedene Ärzte, aber niemand von ihnen konnte ihr die genaue Ursache ihres Leidens erklären und auch kein Heilmittel vorschlagen. Sie ertrug das Hautproblem schon fast 18 Monate lang.

Ihr kleiner Hund kaute für gewöhnlich an allem herum. Eines Tages zerkaute er ihre geliebten alten Gummipantoffeln, die sie so gerne getragen hatte. Direkt danach entwickelte der Hund rote Flecken auf der Haut und gleichzeitig verschwanden die Flecken auf ihren Füßen vollständig. Sie erkannte, dass der Ausschlag durch eine Allergie auf die Schuhe verursacht worden war. Das Rätsel um ihre merkwürdigen Symptome war plötzlich gelöst und sie litt nie wieder an diesem Problem. Das Hündchen hatte sich revanchiert dafür, dass sie ihm das Leben gerettet hatte.

Die Menschen tendieren dazu, von sich selbst zu denken, dass sie so großartig seien. Amma sagt dazu, dass selbst die Würmer in den Exkrementen Familien haben und sich lieben. Was ist also der Unterschied zwischen ihnen und uns? Der einzige Unterschied ist, dass die Menschen mit der Fähigkeit versehen sind, zwischen richtig und falsch zu unterscheiden.

Wenn wir versuchen, diese Qualität der Unterscheidungsfähigkeit zu verfeinern, führt das wie selbstverständlich zur Tugend des Mitgefühls.

Wir können uns dann über alle niederen Neigungen erheben, die tief in uns vergraben liegen und uns wie Sklaven gefangen halten. Dann kann unser Leben zu blühen beginnen, so wie die Blüte einer leuchtenden Blume.

Gottes Gnade wird wahrlich aus allen Richtungen zu denen strömen, die Mitgefühl entwickeln und dieses der leidenden Menschheit gegenüber zum Ausdruck bringen. Wenn wir aber unser Unterscheidungsvermögen nicht nutzen, wird unser Leben einem stehenden, schmutzigen Gewässer gleich. Dann gibt es wirklich absolut keinen Unterschied mehr zwischen den Tieren und uns, abgesehen davon, dass Tiere mehr selbstlose Liebe zeigen können wie wir.

Wir fuhren einmal im Auto, als Amma jemandem erklärte: „Tiere schaffen kein neues *Prarabdha-Karma* für sich selbst – nicht so wie die Menschen, die ständig neues für sich schaffen."

Wenn Tiere krank sind, dann fasten sie. Niemand kann sie zum fressen bewegen, wenn ihr Instinkt ihnen sagt, dass das Verdauungssystem entlastet werden muss, um ein Problem zu lösen. Nicht so der Mensch. Selbst wenn der Körper uns Signale sendet, dass wir krank sind, langsamer machen und fasten sollten, ignorieren wir diese Botschaft oft und nehmen weiterhin Dinge zu uns, die nicht gut für uns sind und geben dem Körper dadurch keine Chance, sich zu regenerieren.

Es ist ihr Instinkt, der die Tiere automatisch das Richtige tun lässt. Sie agieren im Einklang mit einer Intuition, die sie ganz natürlich wahrnehmen – im Gegensatz zu den Menschen, bei denen die Gedanken vorherrschen und sie zu Sklaven machen.

Wir geben den Wünschen des Körpers und den Launen unseres Geistes oft nach. Den gesunden Menschenverstand missachtend, sind wir völlig ohne Kontakt zu unserer höheren Intuition und nicht im Einklang mit ihr. In diesem Zustand sind wir anfälliger für Unfälle und Krankheiten. Wir müssen unsere Intuition verfeinern und lernen, uns auf Körper, Geist und Seele besser einzustimmen.

Schmerz muss nicht immer ein Feind sein, manchmal kann er ein großartiger Freund und Lehrer sein. Ein Europäer war mit Amma in Indien auf Tour, fiel vom Bürgersteig und zog sich einen ziemlich komplizierten Knöchelbruch zu. Trotz entsetzlicher Schmerzen war er sich vom ersten Moment an darüber bewusst, dass der Unfall so passieren musste. Er versuchte sich völlig seinem Schicksal zu ergeben und das Beste aus dieser unvermeidlichen Erfahrung zu machen.

Er musste in seinem Leben langsamer treten, weil er einen Gang herunter schalten musste. Auch war er gezwungen, Hilfe von anderen anzunehmen, weil er nicht in der Lage war, die einfachsten Dinge für sich zu tun. Er erkannte, dass es eine Unmenge von Dingen gab, die er zuvor immer für selbstverständlich gehalten hatte und für die er dankbar sein sollte. Diesen Zustand der Hilflosigkeit am eigenen Leib zu erfahren half ihm, mehr Geduld und Mitgefühl für die Schwierigkeiten anderer zu entwickeln. Seine gesamte Denkweise änderte sich und er nahm die ganze Angelegenheit als versteckten Segen wahr.

Wir wünschen uns oft, die äußeren Lebensumstände zu verändern. Wir wollen andere ändern, uns selbst aber nicht. Amma erinnert uns daran, dass wir zuerst uns selbst ändern müssen, wenn wir die Welt wirklich verändern wollen; nur so werden sich in unserer Umgebung automatisch Veränderungen vollziehen.

Tatsächlich ergeben sich in unserem Leben oft Situationen, in denen wir keine andere Wahl haben, als uns zu verändern. Dies alles geschieht zum Wohl unserer eigenen Weiterentwicklung, um uns auf dem Weg zum Zustand der Vollkommenheit voranzubringen.

Henry Miller sagte einmal: „Nicht die Welt muss in Ordnung gebracht werden – die Welt ist eine Inkarnation der Ordnung – wir sind es, die sich in Einklang mit dieser Ordnung bringen müssen." Damit sich Körper, Geist und Seele wieder in einem Zustand des Gleichgewichts mit sich selbst und dem Rest der Schöpfung befinden können, müssen wir versuchen, dem einfachen Dharma zu folgen, das uns lehrt, wie wir uns der Welt gegenüber verhalten sollten. Wenn wir die Situationen, die uns begegnen, mit Unterscheidungsvermögen und in Ergebenheit demütig annehmen, dann wird uns das Leben nicht so harte Lehren erteilen müssen.

Die wenigen und außergewöhnlichen Persönlichkeiten, die den Zustand der Gottverwirklichung erreicht haben, haben vollständige Erkenntnis ihrer selbst erlangt und befinden sich in innerem Gleichgewicht sowie im Einklang mit den Schwingungen allen Lebens. Sie haben diesen Zustand durch die ungeteilte Kraft ihrer göttlichen Intuition und die völlige Hingabe an eine höhere Macht erreicht.

Auch wenn Amma nicht so viel formelles *Sadhana* in ihrem Leben ausgeübt hat, hat sie den Gipfel menschlicher Existenz erreicht, indem sie sich wahrhaftig selbst erkannt hat. Viele Jahre lang hielt man ihre leidenschaftliche Hingabe oft fälschlicherweise für Verrücktheit. Sie nahm von niemandem Essensgaben an, außer von den Tieren in ihrer Umgebung. Sie konnte es nicht ertragen, irgendetwas von jemandem anzunehmen, denn niemand verstand, was sie durchlebte – nur die Natur. Die Vögel warfen ihr Fische zu und die Kühe boten ihr Milch direkt von ihrem Euter an. Weil sie sich im Einklang mit dem Rhythmus des Lebens befand, wurde sie von Mutter Natur ernährt und mit allem versorgt, was sie brauchte.

Zu dieser Zeit konnte man immer zwei Hunde in ihrer Nähe beobachten. Amma verlor sich oft in ihrer eigenen Welt der Verzückung, lag im Sand oder in der Nähe des Wassers. Einer der Hunde blieb immer bei Amma, während der andere etwas zu essen für sie suchen ging. Sie ließen sie nie ganz alleine, sondern wechselten sich mit der Wache ab. Wenn irgendein Fremder in ihrer Nähe auftauchte, knurrten sie ihn an. Ihre Liebe für sie war unumstößlich. Wenn sich Amma von der Welt der Sorgen und Schmerzen in *Samadhi* zurückzog, warteten sie geduldig, bis sie wieder zurückkam.

Es gab eine Zeit, in der sich Amma einige Monate lang ausschließlich von Tulasi-Blättern ernährte. Ihre Erfahrungen zeigten, dass der Körper mit sehr wenig oder sogar gar keinen äußeren Nährstoffen auskommen kann, wenn Geist und Seele eins werden mit den inneren göttlichen Schwingungen und dem Rhythmus der Schöpfung.

Heute isst und schläft Amma meistens etwas, weil wir darauf bestehen. Sie hat sich dem Dienen und Trösten dermaßen hingegeben, dass sie sich selbst aus dem höchsten Zustand der Glückseligkeit auf die weltliche Ebene herunter begeben hat. Sie begibt sich auf unsere Seinsebene und opfert den Zustand der Glückseligkeit dafür, uns zu inspirieren, nach Höherem zu streben. Auch wenn sie mit uns reist, sich wie wir kleidet und mit uns isst, bleibt ihr Geist doch in anderen Sphären.

Eine der Frauen, die Amma dienen, füllte einmal einen Eimer mit Wasser und hielt ihn für Ammas Bad bereit. Sie hatte aber den Eimer nicht aufmerksam genug gefüllt und Amma entdeckte, dass ein paar Krümel auf der Wasseroberfläche schwammen. Amma deutete darauf und tadelte sie sanft dafür, dass sie den Schmutz nicht gesehen hatte.

Die Frau war so frei, Amma zu fragen: „Wie kommt es, dass sich Amma manchmal um Sauberkeit überhaupt nicht kümmert und ein andermal den winzigsten Staubflusen sieht?"

Amma entgegnete ihr: „Manchmal bin ich in eurer Welt und manchmal in meiner."

Wenn wir mit Amma in Indien unterwegs sind, sitzen wir oft am Straßenrand, um zu meditieren und dann eine Chai-Pause zu machen. Abgesehen von der Freude, etwas Warmes zu trinken zu bekommen, leitet Amma auch immer eine Frage- und Antwort-Session, gibt spirituelle Ratschläge oder fordert jemanden auf, eine Geschichte zu erzählen. Bei einer dieser Gelegenheiten strömten alle, die mit Amma reisten aus den neun Bussen und versuchten, einen Platz in Ammas Nähe zu ergattern.

Nachdem Amma sich gesetzt hatte, versuchte eines der Mädchen, das in ihrer Nähe saß, eine winzige stachelige Distel herauszuziehen. Als Amma das sah, stoppte sie sie sofort in ihrem Vorhaben. Das Mädchen meinte, dass es doch bloß ein Unkraut

sei, woraufhin Amma sie daran erinnerte, dass durch alles dasselbe Bewusstsein fließen würde und es das Pflänzchen schmerzen würde, wenn sie es ausrisse und zerstörte. Amma sieht die göttliche Essenz in allem und weiß um die Schmerzen, die von einer Pflanze oder auch nur von einem Blatt empfunden werden können. Für sie ist das höhere Bewusstsein nicht nur ein Konzept, sondern etwas, das überall und in allem schwingt. Das Wissen um das Selbst entschlüsselt alle Geheimnisse der Natur.

Als wir während der Nordindien-Tour 2006 wieder einmal Halt machten, gab jemand Amma ein besonderes Tempelprasad, was sie an alle Anwesenden verteilen wollte. Nachdem sie allen von uns davon gegeben hatte, rief sie nach den Polizisten, die uns eskortierten und gab ihnen ebenfalls persönlich Prasad. Da erschien ein Hund neben der Straße und Amma bestand darauf, dass er gefüttert werden sollte. Einige fingen an, etwas vor ihn auf den Boden zu legen, aber Amma wollte, dass man es ihm auf einem Teller geben solle. Ein blauer Plastikdeckel von einer Dose wurde organisiert und Amma gab ihm das Prasad darauf. Sie wollte, dass der Hund alles auffraß und bestand darauf, dass er den Deckel bis auf den letzten Krümel ausleckte. Nachdem der Hund fertig war, sagte Amma, dass der Deckel sauber gewaschen zurückgegeben und nicht weggeworfen werden solle. Wir verzogen alle entsetzt das Gesicht, bei dem Gedanken daran, dass der Deckel wieder verwendet werden würde und wir schlussendlich wieder daraus essen würden. Wie auch immer, Ammas Lehre war klar. Tiere sollten mit dem gleichen Respekt behandelt werden wie Menschen. Man muss dieselbe göttliche Essenz in allem sehen.

Amma weiß, dass Gott nicht auf einem goldenen Thron im Himmel sitzt. Das Licht des Bewusstseins strahlt durch jeden Gegenstand und jedes Wesen in dieser Schöpfung, belebt oder unbelebt. Leider können wir das mit unseren Augen nicht sehen.

Vor einigen Jahren, als wir während der Europa-Tour in Holland waren und am Haus eines Devotees ankamen, ging Amma nach unserer Ankunft direkt in den Garten und pflückte einen Apfel von dem kleinen, schwerbeladenen Baum, den sie im Garten entdeckt hatte. Nachdem sie ihn gepflückt hatte, bat sie den Baum um Entschuldigung dafür, dass sie die Frucht genommen hatte. Sie aß die eine Hälfte und verteilte den Rest als Prasad. Normalerweise isst sie keine Äpfel, aber dieser Baum muss sie irgendwie angezogen haben. Es schien so, als hätte er darauf gewartet, sich ihr anbieten zu können.

Seitdem geht Amma immer direkt in den Garten, wenn wir dieses Haus in Holland erreichen. Sie nimmt nur einen einzigen Apfel von eben diesem Baum. Es ist wahrscheinlich das einzige Mal im Jahr, dass Amma ein Stück Apfel isst. Amma sagt, dass wirklich reife Früchte sehr köstlich schmecken, aber es macht sie sehr traurig, eine abzupflücken. In der Natur gibt es Dinge mit einer nur kurzen Lebensspanne, sodass sie spürt, dass es besser ist, die Dinge leben zu lassen.

Mutter Natur hat uns unzählige spirituelle Lehren zu erteilen, wenn wir uns Zeit dafür nehmen, sie zu bemerken. Eines Abends kamen wir zu einem Programm, zu dem sich eine riesige Menschenmenge versammelt hatte. Wie es in Kerala so üblich ist, war auch ein Elefant mit dabei, um die Veranstaltung zu ehren. Amma stieg aus dem Auto und ich folgte ihr. Als wir schließlich bei dem Elefanten ankamen, war Amma entzückt, ihn zu sehen und ging ihn begrüßen. Sie drehte sich um und sagte zu mir: „Hast du irgendetwas dabei, um den Elefanten zu füttern?"

Das Auto war nicht in der Nähe, deshalb konnte ich Amma wahrheitsgemäß antworten, dass ich nichts für ihn hätte.

Wie ihr vielleicht wisst, liebt es Amma, Elefanten zu füttern. Dummerweise war ich für diesen Anlass völlig unvorbereitet. Ich trage eben normalerweise keine riesigen Bananenbündel bei mir, wenn wir auf dem Weg zur Bühne sind. Amma war schockiert, dass ich so gar nichts zu essen für das Tier dabei hatte und fragte mich nochmal: „Hast du wirklich überhaupt nichts für den Elefanten dabei?"

Ich musste lachen; ich dummes Ding hatte vergessen, das Elefantenfutter mitzunehmen. Und ihr wisst ja, wie viel Elefanten fressen!

Amma war schrecklich enttäuscht, schaute den Elefanten an und zeigte ihm ihre leeren Hände. Als wir weiter zur Bühne gingen, sah sich Amma immer wieder entschuldigend nach ihm um und zeigte auf mich, als wäre es meine Schuld, weil ich vergessen hatte das Futter mitzunehmen.

Das war ein gutes Beispiel dafür, dass wir im spirituellen Leben auf alles gefasst sein müssen. Wir wissen nie, welche Herausforderungen uns das Leben bringt…und wir wissen nie, wann wir auf hungrige Elefanten stoßen.

Ein junger Mann aus Malaysia erzählte mir von seiner Erfahrung, durch die er die Herrlichkeit der Natur verstehen gelernt hatte. Er hatte sich auf Ammas Programm eine kleine Tulasi-Pflanze gekauft. Weil er wusste, dass die Pflanze als sehr heilig verehrt wird, pflegte er sie zwei Wochen lang sehr liebevoll und goss sie täglich zur selben Zeit. Nach einigen Wochen bemerkte er aber, dass die Blätter trocken und gelb geworden waren und dass sie zu welken begannen.

Er erinnerte sich daran einmal gehört zu haben, dass die Tulasi-Pflanze es liebt Mantren zu hören, also begann er ein bisschen zu singen und Mantren zu rezitieren, aber der Zustand der Pflanze änderte sich nicht. Er dachte, dass er vielleicht nicht laut oder lange genug gesungen hatte und war besorgt, dass die junge Pflanze vielleicht absterben würde. Auf einmal hatte er die Idee, dass er ihr ja ein paar von Ammas Bhajans vorspielen könnte.

Er sprach ganz sanft mit ihr und sagte ihr, dass es das Einzige war, was ihm noch einfiele, damit sie sich erholen könne. Weil er von einem langen Arbeitstag müde geworden war, legte er sich hin und schlief zwei Stunden, während die Musik lief. Als er aufwachte und das Licht anschaltete, sah er, dass die Pflanze wieder frisch aussah und ihre Blätter nicht mehr welk waren. Er war total verblüfft und traute seinen Augen nicht. Er rieb sich die Augen, weil er dachte, sein Blick wäre vom Schlaf noch verschleiert. Aber die Pflanze sah völlig erholt aus und die Blätter waren wieder grün. Er begann eine Ahnung von der Magie der Macht der Klänge zu bekommen.

Zwei Wochen vergingen und er vergaß den Vorfall völlig. Die Pflanze stand normalerweise draußen und er goss sie weiterhin täglich zur selben Zeit. Aber sie fing wieder an zu welken und die Blätter verfärbten sich, obwohl es allen anderen Pflanzen in der Nähe gut ging. Er entschied sich, die Pflanze noch einmal ins Haus zu holen, auch wenn seine Eltern dachten, er sei verrückt, als er die Pflanze liebevoll neben den Computer stellte und Bhajans für sie anschaltete.

Seine Mutter mochte die Bhajans eigentlich nie wirklich, aber er meinte, sie würde den belebenden Effekt, den die Bhajans auf die Pflanze haben würden, schon noch sehen können. Sie glaubte kein bisschen daran, dass etwas Besonderes passieren würde und konnte mit dem Gedanken, dass irgendetwas Heiliges an den Vibrationen der Bhajans sein solle, nichts anfangen. Sie war Chinesin, und die indische Musik so gar nicht nach ihrem Geschmack, weswegen sie ihren Sohn ständig aufforderte, die Musik leiser zu drehen.

Er sagte ihr, sie solle sich die Pflanze genau anschauen und dann in einer Stunde wiederkommen, um sich die Wirkung der Schwingungen der Lieder auf sie anzusehen. Sie kam dann nach einer Stunde zurück und war sprachlos, als sie sah, dass sich die

Pflanze erholt hatte und die sich gelbfärbenden, verwelkenden Blätter ihre grüne Farbe wiedergewonnen hatten. Dies bewies ihr die reinigende Wirkung der Bhajans und sie verlangte nie wieder von ihrem Sohn, die Musik leiser zu drehen. Auch der junge Mann lernte aus dieser Erfahrung etwas Wesentliches. Als er über die Wirkung der Bhajans auf die Pflanze nachdachte, dachte er auch an die Wirkung der Bhajans, die Amma jeden Abend sang und daran, welche Wirkung diese Lieder mit Sicherheit auf alle die sie hörten und auf die gesamte Umgebung haben müssten.

Das Leben wird nur vollkommen, wenn Menschheit und Natur sich harmonisch Hand in Hand bewegen. Wenn sich Melodie und Rhythmus ergänzen, wird die Musik wohlklingend und erfreulich für das Ohr. Ebenso ist es, wenn die Menschen im Einklang mit den Gesetzen der Natur leben, dann wird die Musik des Lebens zu einer einzigen Harmonie.

Kapitel 12

Herausforderungen auf dem Weg

Der größte Unruhestifter, mit dem du es wahrscheinlich
jemals zu tun haben wirst,
schaut dir jeden Morgen beim Rasieren
im Spiegel entgegen.

Anonym

Die Menschen fragen Amma oft, wie wir in der Welt leben sollten. Amma antwortet: „Lebt in der Welt wie ein Schwarm Vögel – an nichts gebunden und in jedem Moment bereit wegzufliegen."

Als wir 2006 für ein Programm in Trissur waren, herrschte dort eine erdrückende Hitze. Einige Verwandte von Amma kamen zu Besuch, aber weil sie wussten, wie voll die Unterkünfte waren, wollten sie niemanden wegen eines Raumes belästigen. Sie fragten lediglich nach zwei Matten für die Familie und schliefen zufrieden draußen auf dem Boden. Die Frau sagte, dass sie zufrieden damit war draußen zu schlafen, weil auch ihr Mann nie jemanden wegen irgendetwas belästigen wollte. Sie empfand es als gute Gelegenheit, einen Eindruck davon zu bekommen, wie es in den Anfangstagen im Ashram war, als wir manchmal draußen schliefen.

Wenn wir eine positive Haltung allen Situationen gegenüber haben, dann können wir hinter allem Gottes Hand sehen. Diese menschliche Geburt wurde uns gegeben, um uns

140

Herausforderungen zu stellen und sie zu meistern – und nicht, um vor ihnen davonzulaufen. Durch Gottes Gnade wird uns immer die Kraft gegeben, allem, dem wir begegnen, ins Gesicht zu schauen. Amma ruft uns in Erinnerung, dass das Leben nicht nur mit schönen Erlebnissen auf uns wartet. Es kann sogar sein, dass es mehr schlechte als gute Erfahrungen für uns bereithält. Gute und schlechte Erfahrungen sind das Wesen der Welt. Auf jeden Fall sollten wir lernen, schwierige Erfahrungen in Sprungbretter zum Erfolg zu verwandeln. Dafür benötigen wir einen unterscheidungsfähigen Intellekt, der in spirituellen Prinzipien verankert ist.

Ein junger Mann war in einer spirituellen Gemeinschaft aufgewachsen, wurde aber dennoch in jungen Jahren mit einigen schwierigen Situationen konfrontiert. Er lebte mit seiner Mutter unter der Führung eines anderen Gurus. Als er 16 war, verließ der Guru seinen Körper, was ein großer Verlust für ihn war und ihn in tiefe Traurigkeit stürzte. Er begann mit Drogen zu experimentieren und stürzte sich in alles, was die materielle Welt ihm zu bieten hatte. Später erkannte er, dass das Einzige, was ihm dieser zerstörerische Lebenswandel bieten konnte, ein Gefühl abgrundtiefer Leere war. Dennoch wusste er nicht, wie er aus diesem Kreislauf von Drogen und Partys, in den er geraten war, ausbrechen konnte.

Seine Mutter nahm ihn mit zu einem Programm von Amma in London. In der Veranstaltungshalle sah er das Video über den Tsunami, das alles für ihn veränderte. Er musste lange weinen, weil er einsah, dass er sein Leben vergeudet hatte, während andere in der Welt starben. Er sehnte sich danach, das Leiden der Menschen irgendwie zu lindern. Als er Leute mit Videokameras auf dem Programm herumlaufen sah, dachte er, dass er vielleicht auf diesem Gebiet arbeiten könnte, da er gerade ein Seminar in Medientechnologie abgeschlossen hatte. Er war zu schüchtern, um mit seinem Wunsch zu Amma zu gehen, weswegen er zunächst niemandem etwas davon erzählte.

Seine Mutter schlug vor, dass sie zum letzten Programm der Tour nach Irland gehen könnten. Auf dem Weg dorthin begegnete er jemandem, der in der Videoabteilung arbeitete. Als sie dort ankamen, brachte sie der Mann direkt zu Amma. Jemand übersetzte Amma, dass er ein bisschen etwas von Videos verstand und gerne irgendwie helfen wollte.

Amma schlug vor, dass er nach Beendigung der Europa-Tour nach Indien kommen könne, wenn er wolle. Er folgte ihrem Vorschlag und schloss sich dort dem Filmteam an. Er hofft nun darauf, einige Jahre mit Amma auf Reisen gehen zu können, um das Fundament seines spirituellen Wissens zu vertiefen und zu festigen, um der Versuchung, in seine alten Gewohnheiten zurückzufallen, zu wiederstehen. Amma rät:

„Wenn schwierige Umstände in unserem Leben auftauchen, gibt es immer zwei Arten, auf diese zu reagieren. Wir können aus Angst davonlaufen oder unsere innere Stärke entfachen und versuchen, sie zu überwinden. Wenn wir die erste Möglichkeit wählen, wird uns das auslaugen und wir werden wie trockene Blätter vom Wind herum geweht. Vor manchen Dingen können wir nicht fliehen. Jemand der versucht davonzulaufen, wird irgendwann vor Erschöpfung kollabieren. Stattdessen sollten wir geistige Stärke entwickeln, beginnen zu handeln und den Duft von Selbstlosigkeit und Liebe versprühen. Der Schatten der Angst wird nur durch das Dämmern des Lichts der Liebe verschwinden."

In den frühen Jahren im Ashram reichte mein Seva von Toiletten putzen über Gemüse schneiden bis zum Bügeln von Ammas Kleidung. Eine ganze Zeit lang machte ich auch den Tee für die Arbeiter und die Getränke für die Bewohner. Ich selbst war nie eine große Teetrinkerin, weswegen ich zum Leidwesen aller den schrecklichsten Tee braute. Die bedauernswerten Arbeiter beschwerten sich oft darüber, wie scheußlich mein Tee schmeckte. Einmal wurde mir aufgetragen, einen Tee für Amma zu bereiten. Sie trank ihn nicht sofort, sodass er kalt wurde. Ich wärmte ihn also auf und schüttete ein bisschen mehr Milch dazu. Ich war mir sicher, dass er grauenhaft geschmeckt haben muss, aber wenn ein Kind seiner Mutter etwas mit Liebe anbietet, dann wird die Mutter es von Herzen annehmen. Amma trank mein fürchterliches Gebräu schließlich und bemerkte auch noch, wie gut es schmeckte. Doch ich wusste, dass sie nur versuchte, nett zu mir zu sein.

In den Anfangsjahren des Ashrams bat Amma uns, keinen Tee und Kaffee zu trinken. Es war bekanntlich schlecht für spirituell Suchende, davon abhängig zu sein. Stattdessen tranken wir eine Mischung aus heißer Milch und Wasser, und es gehörte zu meinen Aufgaben, diese Getränke zuzubereiten.

Ich erinnere mich an einen Tag, an dem ich mich Amma gegenüber löblich über einen Brahmachari äußerte: „Amma, dieser Junge nimmt gar keinen Zucker in sein Milchwasser, ist das nicht prima? Was für ein disziplinierter Mensch."

Amma war nicht meiner Meinung. Sie sagte: „Jeder muss Zucker in seinem Milchwasser haben!", weil sie wusste, dass sein Ego hervortreten könnte bei dem Gedanken daran, dass er disziplinierter wäre als andere.

Sie wollte immer, dass wir den Mittelweg gingen – nicht zu viel von etwas, aber auch nicht zu wenig. Nicht zu wenig und nicht zu viel Schlaf. Amma ist außerordentlich praktisch veranlagt. Wahre Spiritualität ist total praktisch, soweit es Amma betrifft.

Da es im Ashram keinen Tee gab, gingen einige hinüber in das Haus von Ammas Familie, um sich dort Tee oder Kaffee zu machen. Als sie uns auf die Schliche kam, schimpfte sie mit uns und sagte, dass wir damit aufhören sollten. Es gab aber immer

noch einige, die sich nicht daran hielten. Amma war sehr verärgert, als sie davon erfuhr. Eines Nachmittags beschlossen wir,
die Sache ernst zu nehmen. Wir gingen alle 14 in den Kalari, wo
entschieden wurde, dass wir versprechen müssten, keinen Tee
oder Kaffee mehr zu trinken, was wir reihum schworen.

Einer von uns sagte: „Ich schwöre, dass ich *versuchen* werde,
keinen Tee oder Kaffee mehr zu trinken."

Alle protestierten vehement: „Nein, Nein, Nein! Das darfst
du nicht, das ist nicht erlaubt!"

Er sagte: „Ich werde nichts versprechen; ich werde nichts
schwören, das ich nicht halten kann." Am Ende legten die meisten
von uns einen Schwur ab, dass wir uns von nun an von Koffein
fernhalten würden. Tatsächlich tranken wir viele Jahre lang weder
Tee noch Kaffee.

Was mich betrifft, so hielt ich mich fast 15 Jahre lang an
das Versprechen. Nur zu sehr seltenen Anlässen, ein oder zwei
Mal im Jahr, nahm ich einen Kaffee an, wenn er mir angeboten
wurde, um die Gefühle desjenigen nicht zu verletzen – bis zu der
Zeit, als ich begann, mit Amma während öffentlicher Programme
außerhalb des Ashrams auf der Bühne zu sitzen. Ich war daran
gewöhnt, immer in Bewegung zu sein, weshalb ich furchtbar
schläfrig wurde, als ich plötzlich für einige Stunden ruhig dasit-
zen sollte. Ich war sehr stolz auf meine Aussage „*Ich trinke weder
Tee noch Kaffee.*" Das Ego war aufgeblasen von dem Gedanken
„*Ich bin sehr spirituell, weil ich kein Koffein trinke!*"

Schließlich beschloss ich meine Anhaftung an das „Nicht-
Kaffee-trinken" zu beenden und begann, einfach um wach zu
bleiben, wieder ab und zu Kaffee zu trinken.

Es war vor ungefähr acht Jahren, als wir für ein Programm
in Bangalore waren. Ich trank einen kleinen Kaffee, bevor ich
auf die Bühne ging; den ersten seit Jahren. Während des Satsangs
fühlte ich plötzlich ein Gluckern in meinem Bauch. *O Nein!* Ich

merkte *Ich muss zur Toilette!* Ich war zwar wach, aber ich zählte die Bhajans, die noch kamen, bevor ich entfliehen konnte. Ich hatte vergessen, dass Kaffee stark abführend und entwässernd wirken kann. Fünf Bhajans, vier Bhajans, drei Bhajans. Schließlich musste ich doch aufstehen und von der Bühne eilen. Glücklicherweise war eine Toilette in der Nähe. An diesen ersten Kaffee nach vielen Jahren werde ich mich immer erinnern.

Amma entschied schlussendlich, dass diejenigen, die wirklich an ihren Tee gewöhnt waren, ihn auch täglich haben könnten. Eine kleine Menge in medizinischer Dosis ist für uns in Ordnung; sie schadet uns nicht. Wenn wir ein bisschen trinken, hält uns das wach und gibt uns Energie, um weiterzumachen. Amma beschloss, nicht mehr gegen den Widerstand derjenigen anzugehen, die sich davonschlichen, um sich die Getränke anderswo zu holen und am Ende sagte sie, dass ruhig alle Tee trinken sollten. So begann der Chai zum Bestandteil der täglichen Ashram-Routine zu werden.

Es kann sein, dass wir in unserem täglichen Leben vergessen, an den *Atman* zu denken, aber wir werden immer wissen, wann es 16.00 Uhr ist – Chai-Time!

Einer der Ashrambewohner beschloss eines Tages Tapas zu üben, indem er versuchte, ohne Essen auszukommen. Er aß jeden Abend nur eine kleine Banane und trank ein Glas Milch, sonst nichts. Aber das war kein kluges Tapas. Er bekam schließlich ein Geschwür und musste am Ende mehr als drei Mahlzeiten am Tag zu sich nehmen – alles nur, weil er Verzicht übte, ohne seinen Verstand zu benutzen. Diesen gesunden Menschenverstand müssen wir aber auf jeden Fall in unseren Übungen berücksichtigen. In allem Maß zu halten ist für uns eigentlich das Schwierigste.

Es ist lange her, dass ich vier Monate lang *Mauna* praktizierte. Das bedeutete, dass ich während dieser Zeit nicht sprach, was gar nicht so schrecklich schwer war. Wenn man sich daran gewöhnt

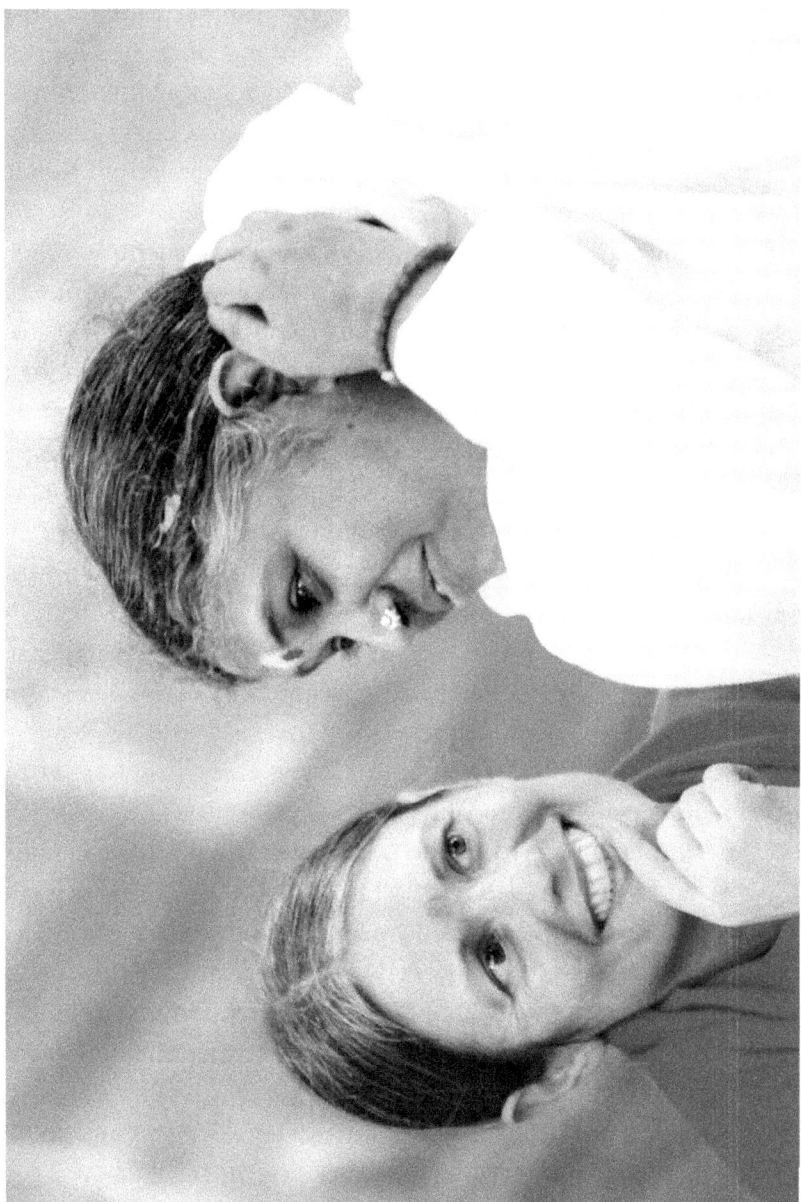

hat, ist es eine gute Entschuldigung, Problemen aus dem Weg zu gehen. Wenn Schwierigkeiten auftauchen, dann kann man einer Person bedeuten, dass sie gehen soll, darauf verweisend „Ich praktiziere Schweigen!" Allerdings ist es manchmal sehr schwierig, wieder mit dem Reden aufzuhören, wenn man das Schweigen beendet hat.

Ich erinnere mich an eine Nacht, in der ich während des *Devi-Bhava*-Programms im Kalari saß. Einer der großen Meditierenden des Ashrams saß meditierend in einer hinteren Ecke des Raumes. Ich hatte das Gefühl, dass dieser Mensch sehr weit fortgeschritten war, da er bekannt war für die Entbehrungen, die er sich auferlegt hatte und in der Einsamkeit seiner Kellerhöhle praktizierte. Ich bewunderte die Intensität seiner Konzentration. Ich bildete mir ein, dass er die Probleme, die ich während des Meditierens hatte – wie schläfrig sein oder Mangel an Vertiefung – wahrscheinlich nie erlebt hatte.

An jenem Abend saß ich neben Amma, um ihr zu dienen, falls sie irgendetwas bräuchte. Ich sah mich um und bemerkte, dass dieser Mann wie eine Statue in der Ecke saß. Sein Kopf war nach hinten gekippt, seine Augen geschlossen und sein Mund weit geöffnet. Ich war total entsetzt, ihn in diesem Zustand zu sehen. Arglos dachte ich: *„Du meine Güte! Er hat Mahasamadhi erlangt und seinen Körper verlassen!"* Da er bekannt dafür war, viele Stunden lang reglos sitzen zu können, wäre mir nie eingefallen, dass er eingeschlafen sein könnte. Aus Angst, dass er tot sein könnte, erwähnte ich dies Amma gegenüber: *„Ich glaube, er hat seinen Körper verlassen."* Amma drehte sich nach ihm um, schaute ihn an und lachte. Sie warf ein Bonbon nach ihm und er wachte zu meiner großen Erleichterung auf.

Jeder von uns sieht die Dinge auf seine Weise und manchmal mag es schwierig sein, richtig von falsch zu unterscheiden. Wir müssen lernen, unser Urteilsvermögen weise zu benutzen, was nicht einfach ist und jahrelanger Übung bedarf.

Ein großer grobschlächtiger Hund mit Namen Sumo hatte schon vier Wettbewerbe als bester Hund seiner Rasse gewonnen. Trotzdem wurde seinem Besitzer und ihm das Appartement gekündigt, weil sich die Nachbarn über das laute Schnarchen des Hundes beschwert hatten. Die Nachbarn behaupteten, dass durch das laute Schnarchen immer wieder die Alarmanlage ausgelöst würde. Der Schwiegervater des Nachbarn hatte ein Herzleiden und konnte bei dem nächtlichen nervenaufreibenden Geräuschpegel nicht schlafen. Bei darauffolgenden Messungen stellte man 34 Dezibel fest.

Der Besitzer des Hundes widersprach dem Kläger und sagte: „Mein Sumo ist noch ein junger Hund. Er schläft nachts mit mir im Bett und ich weiß wirklich nicht, warum sie sagen, dass er laut schnarcht. Mich stört er überhaupt nicht!"

Wir alle haben verschiedene Vorstellungen davon, wie sich die Dinge des Lebens verhalten sollten und sind ständig damit beschäftigt, unsere eigenen Konzepte zu erschaffen. Das ist der Grund, weshalb gesagt wird, dass die Welt unsere eigene Projektion ist.

Ein wohlhabender Mann beauftragte einst einen Autor damit, die Geschichte seiner Familie aufzuschreiben. Es wurde allerdings vereinbart, dass er die Tatsache verändern musste, dass einer seiner Onkel als Krimineller auf dem elektrischen Stuhl endete. Er war begeistert, als der Autor schrieb: „Onkel William besaß einen Stuhl für angewandte Elektronik in einer führenden staatlichen Einrichtung. Er war mit diesem Posten aufs engste verbunden und sein Tod war ein wirklicher Schock." *(Originaltext: "Uncle William occupied a chair of applied electronics in a leading government institution. He was held to the post by the closest of ties and his death came as a real shock.")*

Während einer Unterrichtsstunde in englischer Literatur schrieb der Lehrer folgenden Satz an die Tafel: *Woman without her man is nothing*, in den die Schüler die Zeichensetzung einfügen sollten.

Während alle Männer die Zeichen folgendermaßen setzten: *„Woman, without her man, is nothing."*, setzten die Frauen die Zeichen an diese Stellen: *„Woman! without her, man is nothing."* Jeder kann sich seinen Blickwinkel auf die Welt selbst aussuchen.

Wir können uns sehr glücklich schätzen, dass wir Amma als spirituelle Lehrerin haben, die versucht, unsere Sichtweise auf die Welt zu verfeinern. Sie denkt dabei an alle und würde uns nie Gefahren aussetzen. Sie kommt auf unsere Bewusstseinsebene herab, weil sie ein überwältigendes Mitgefühl für die leidende Menschheit empfindet – so sind aber nicht alle gottverwirklichten Meister.

Ein *Avadhuta* namens Prabhakara *Siddha Yogi* lebte in Oachira, einer Kleinstadt nicht weit vom Ashram entfernt. Man sagte von ihm, dass er 700 Jahre alt sei und Fischer ihn vom Meeresgrund heraufgezogen hätten.

Avadhutas sind Personen, die Gott verwirklicht und den höchsten Zustand erreicht haben, sich aber eher wie Verrückte benehmen. Sie leben in ihrer eigenen privaten Welt der Gottestrunkenheit. Obgleich es den Anschein haben mag, dass sie nicht besonders hilfreich sind, sagt Amma von ihnen, dass allein ihr Atem es vermag, die Welt im Gleichgewicht zu halten. Dennoch ziehen sie es vor, keine Schüler zu haben, die sie unkompliziert und einfach belehren, so wie Amma es tut. Sie hat so viel Mitgefühl, dass sie sich auf unsere Bewusstseinsebene hinab kommt, um uns zu leiten – Avadhutas aber bleiben auf ihrer Bewusstseinsebene.

Dieser Avadhuta neigte dazu, in der Gegend herumzuziehen, was die Leute dort aber nicht sehr mochten. Sie warfen Eimer voll schmutzigem Wasser nach ihm, weil er die Frauen manchmal begrapschte. Er behauptete, es sei der Wunsch in den Gedanken der Frauen, die ihn das tun ließe. Es gab Zeiten, da besuchte er uns im Ashram, was gewöhnlich einen Tumult auslöste. Die Leute waren sehr beschützend, was die wenigen Mädchen im Ashram anging und schickten uns in unsere Zimmer, wo wir schnell die Türen abschließen sollten, damit uns nichts passieren würde.

Einmal tauchte er während eines Programms außerhalb des Ashrams auf. Wir Mädchen verbrachten den Nachmittag draußen, hinter einer Gruppe von Bäumen. Amma, die ihm auch aus dem Weg ging, kam zu uns herüber. Sie erklärte, dass Avadhutas Gott erkannt hätten, aber die Menschen ihre Handlungen normalerweise nicht verstehen würden.

Sie wusste, dass die Leute nicht verstanden, was er tat, auch wenn Amma die Bewusstseinsebene, auf der er verweilte, würdigen konnte.

Eine amerikanische Devotee, die das erste Mal in Indien und auf dem Weg nach Amritapuri war, besuchte in Thiruvanamalai einen Avadhuta mit Namen Yogi Ram Surat Kumar. Als sie hörte, dass er ein gottverwirklichtes Wesen war, suchte sie ihn in seiner Wohnung auf, die ihm ein Devotee zur Verfügung gestellt hatte. Sie fand ihn auf der Veranda, wo er für gewöhnlich auch Darshan gab. Mit einer Packung Datteln in der Hand näherte sie sich ihm und verneigte sich. Doch noch bevor sie sich wieder ganz erhoben hatte, rief er aus: „Amma! Amma! Amma! O Amritanandamayi!, dass die Mutter aller diesen Bettler besucht! Sie ist hierhergekommen, um sich mit diesem Unwürdigen fotografieren zu lassen. Amma…" Seine Stimme war erstickt vor Emotion, und als er sich in Erinnerungen verlor, schien er in einen Traum abzugleiten. Die Frau war irritiert, da sie diesem Mann noch nie zuvor begegnet war und keine Ahnung hatte, woher er wusste, dass sie eine Devotee von Amma war.

Im darauffolgenden Jahr besuchte sie ihn noch einmal und stellte ihm irgendwann eine spirituelle Frage. Er erwiderte sanft, aber mit Nachdruck: „Warum fragst du mich das? Warum *mich*? Deine Lehrerin ist so großartig! Du bist in solch guten Händen. Du bist so beschützt. Sie ist so großartig!" Er rühmte Ammas Tugenden in den höchsten Tönen.

Jemand fragte Amma einmal: „Was ist das größte Opfer, das von einem Mahatma erbracht wurde?" Amma erwiderte. „Sie kommen auf diese Erde und leben als Schwein mitten unter den Schweinen und versuchen, sie weiter zu bringen."

Die Leute waren ein bisschen schockiert darüber und Amma fügte schnell hinzu: „Amma hat nur Spaß gemacht!" Ich glaube jedoch, das hat sie nicht. Sie hat uns einfach nur die Wahrheit gesagt, die zu hören wir noch nicht ganz bereit waren.

Es ist das größte Privileg in diesem Leben, die Chance zu haben, bei Amma zu leben. Nie zuvor hat eine gottverwirklichte Seele der Welt so viel gegeben wie Amma. Ein Avadhuta mag sich im gleichen gottverwirklichten Zustand befinden wie ein Mahatma. Aber jemand wie Amma opfert diesen höchsten Zustand des Bewusstseins aus Mitgefühl und Liebe für uns. Sie findet ständig neue Wege, um uns glücklich zu machen und uns noch mehr von sich selbst zu geben, um uns aus dem Schatten der Unwissenheit, der unsere Sicht vernebelt und so viel Leid verursacht, ins Licht zu führen.

Wo immer in der Welt uns Gott hingestellt hat, müssen wir das Beste daraus machen. Selbst wenn wir inmitten einer geschäftigen, materiellen Welt leben – es ist egal was wir tun, wir können nicht sagen, nur *dies* ist spirituell und *das* ist weltlich. Für Amma, die die Wahrheit wirklich kennt, gibt es keinen Unterschied. Sie sieht Gott in der ganzen Schöpfung, von was also können wir sagen, dass es weltlich ist? Wenn wir Gutes tun, wird mit Sicherheit Gnade zu uns strömen, wo auch immer wir sein mögen.

Manche beschweren sich darüber, dass das tägliche Leben mit mehr Herausforderungen für sie verbunden ist, weil sie so weit von Amma entfernt leben. Sie stellen sich vor, dass ihre Probleme einfach irgendwie verschwinden würden, wenn sie in Ammas physischer Präsenz leben könnten. Wir sollten keine Zeit damit verschwenden, uns selbst zu bemitleiden, sondern lieber versuchen uns zu bemühen, uns an Ammas universeller Liebe und ihrem Mitgefühl festzuhalten und irgendetwas für andere zu tun, in welcher Weise auch immer. Dann wird uns die Gnade, die uns zuteil wird, mit Sicherheit durch die Reise des Lebens führen.

Kapitel 13

Die Engel des Tsunamis

Die dringlichste Frage des Lebens ist:
Was tust du für andere?

Martin Luther King Jr.

Im Sommer 2003 warnte Amma davor, dass es bald zu einer gewaltigen Naturkatastrophe kommen könnte. Sie sagte, wir könnten nichts dagegen tun. Alles was wir tun könnten, sei Beten und Gutes tun.

Ammas Anhänger begannen, sich auf das, was uns bevorstand vorzubereiten. Einige verkauften ihre ganzen Aktien und legten ihr Vermögen in Gold an oder sie zogen um.

Andere hatten das Gefühl, es sei das Beste, so viel Zeit wie nur möglich mit Amma in Amritapuri zu verbringen.

Kürzlich lachte Amma verschmitzt, als sie daran dachte, dass ein Großteil der Menschen zu ihr nach Indien kam, gerade weil sie der vorhergesagten Katastrophe entgehen wollten. Stattdessen war es genau die Gegend, die vom Tsunami betroffen war.

Glücklicherweise standen wir voll und ganz unter Ammas Schutz.

Absolut keiner der mindestens 18.000 Devotees, die an diesem Tag hier waren, wurde verletzt. Es konnte einem das Herz brechen, all die Zerstörung und den Tod rund um den Ashram zu sehen. Dennoch umschloss uns Ammas allumfassende Liebe völlig. Dank Ammas machtvoller Gnade hatten einige Leute die denkwürdigsten Erlebnisse ihres Lebens.

Zu der Zeit, als der Tsunami die Küste Keralas erreichte, war der Ashram bis zu zum Äußersten mit Besuchern aus der ganzen Welt gefüllt. Für viele ist das Leben im Ashram wegen bescheidener Unterkunft und einfachem Essen ohnehin schon eine Herausforderung. Nun aber wurden sie zusammen mit allen Ashrambewohnern auch noch evakuiert, und zwar in die Gebäude der Amrita-Universität auf der anderen Seite der Backwaters. Im Vergleich mit all den tragischen Verlusten, die uns umgaben, war das sicherlich eine vergleichbar nichtige Unannehmlichkeit. Die örtlichen Bewohner hatte ihre Wohnungen, ihren Besitz und in vielen Fällen mindestens ein Familienmitglied verloren.

Alle zusammen, die Dorfbewohner und die Bewohner und Besucher des Ashrams wurden auf das Festland evakuiert. Sie mussten mit nichts als den Kleidern, die sie zum Zeitpunkt des Tsunamis trugen auskommen. Wir lebten wie Flüchtlinge zwischen all den Unannehmlichkeiten und Entbehrungen, schliefen in Klassenzimmern und Gängen, wo immer eben Platz war. Und doch versuchten alle, sich ihre Unbeschwertheit zu bewahren.

Es war leichter, unser Bedürfnis nach Bequemlichkeit zu überwinden, wenn wir an die Menschen aus dem Dorf dachten, die solch unglaubliche Verluste erlitten hatten. Anstatt sich auf das zu konzentrieren, was sie vermissten, suchten die Leute nach Möglichkeiten zu helfen – Gemüse schnippeln, Essen an die Dorfbewohner verteilen, im Krankenhaus helfen und diejenigen trösten, die tief bekümmert waren. Mit diesem Dienst an den anderen erfüllten die Besucher und Bewohner des Ashrams Ammas Wunsch, dass wir das Licht der Liebe entzünden sollten, um die Leiden der anderen zu lindern.

In dieser historischen Nacht versuchte eine Gruppe von amerikanischen Frauen, auf dem blanken Zement einzuschlafen. Eine von ihnen lag direkt auf dem Erdboden und zog eine Strohmatte, die normalerweise als Unterlage benutzt wird, als Decke über sich. Sie begriff, dass es sich so ähnlich anfühlen muss, wenn man als Obdachloser in Pappkartons schläft.

Sie schaute sich um und sah, dass die Person neben ihr ihren großen wattierten BH als komfortables Kopfkissen benutzte. Sie schien ziemlich stolz zu sein auf die erfinderische Verwendung ihrer Kleidung, bis jemand anfing zu lachen und meinte, dass sie eigentlich für ihr geniales Kissen einen Preis gewinnen sollte. Ihres bestand aus einer langen Männerunterhose, die jemand drei Tage lang getragen und ihr großzügigerweise geliehen hatte. Lachen war die leitende Kraft, die diese Leute durch die schwierigen Zeiten trug.

Als Amma 2006 im Interfaith-Center in New York eine Rede anlässlich der Verleihung eines Friedenspreises hielt, legte sie dar, dass wir alle versuchen sollten Vorbilder für andere zu werden, um sie zu guten Handlungen zu bewegen. Eine australische Devotee hat Großartiges geleistet und ist zu einer außergewöhnlichen Inspiration für viele von uns geworden. Ich werde mich immer an diese junge Frau als eine der Tsunami-Engel erinnern, auch wenn sie in ihrer Bescheidenheit nicht so genannt werden will.

Während des zweiten Jahres ihres Medizinstudiums verbrachte sie gerade mit einer Freundin die Ferien in Thailand, als der Tsunami über sie hereinbrach. Sie waren dort in der vierten Reihe einer Bungalow-Siedlung direkt am Strand untergebracht. Die ersten drei Reihen wurden von der Welle komplett ausgelöscht. Gottes Gnade schützte sie von Anfang an.

Sie war erschrocken, als sie von entsetzlichen Schreien geweckt wurde; und das zwei Tage nach Weihnachten, einer vermeintlich fröhlichen Zeit. Nach einer durchfeierten Nacht fand sie die Welt plötzlich auf den Kopf gestellt. Ihre Zimmergenossin schrie hysterisch, als sie in das Zimmer gerannt kam. Sie hatte eine riesige Welle gesehen, die direkt auf den Strand zuraste. Ein ohrenbetäubendes Geräusch, das so klang, als würden sie von einem Flugzeug bombardiert werden, erfüllte den Raum. Sie wusste nicht, ob sie träumte oder ob sie noch ein bisschen beschwipst war von der Nacht zuvor. Sie wusste nur, dass sie sich in ihrem ganzen Leben noch nie so gefürchtet hatte.

Nachdem der Bungalow und ihre Nerven völlig durchgeschüttelt waren, öffneten sie die Tür. Sie waren komplett von Wasser eingeschlossen. Die Stufen vor dem Bungalow waren weggespült und das gesamte Mobiliar von dem Restaurant und der Touristen-Information trieb um sie herum. Computer, Kleidung, Lautsprecher und Rucksäcke – was einst die Existenz und das Verlangen der Menschen war – umspült von den reißenden Wassern. Die paradiesische Insel hatte sich in einen Albtraum verwandelt. In Sekunden relativierte sich alles.

Die Überlebenden wurden in höhere Stockwerke evakuiert und durften erst nach einigen Stunden wieder herunterkommen. Die beiden jungen Australierinnen gingen los um zu schauen, was es zu helfen gab. Die Plätze, an denen sie sich die Tage zuvor aufhielten waren nicht wieder zu erkennen. Boote schwebten in Bäumen und Betonwege ragten senkrecht aus dem Boden. Leichen lagen hier und dort verstreut zwischen Trümmern von Baumaterial, und zerbrochenes Glas bedeckte den Erdboden. Sie besuchten das Krankenhaus und suchten nach ihren Freunden, konnten sie aber nirgends finden. Der nächste Schritt war das Leichenschauhaus.

Das Leichenschauhaus, überfüllt mit sich zersetzenden Körpern, befand sich in einem völlig chaotischen Zustand. Sie entschieden sich dort mitzuhelfen, da es auf jeden Fall eines besseren Systems bedurfte, um mit den Massen an Leichen fertig zu werden. Da einige der Leichen so schlimm aussahen, gab es nicht viele, die gewillt waren, dort mit anzupacken. Die Menschen die kamen, um die Körper ihrer Lieben zu identifizieren, fanden außer einer Hand von Freiwilligen absolut keine Unterstützung. Die meisten Helfer verließen den Ort nach einem Tag, weil sie den Gestank und die schockierenden Anblicke nicht ertragen konnten. Eines der Mädchen war zu zart besaitet, um bei all den Leichen da drinnen zu sein und beschloss, den Menschen draußen zu helfen.

Das andere Mädchen blieb und arbeitete täglich 12 Stunden oder mehr. Sie half den Familien die Formulare auszufüllen, in denen sie ihre vermissten Angehörigen beschreiben sollten. Sie

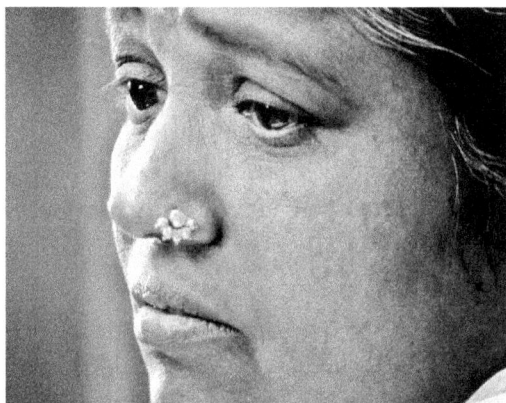

beschrieben Dinge oder Merkmale, die eventuell noch zu erkennen sein konnten wie Schmuck, Tatoos, Piercings oder Narben. Sie sammelte die Informationen und hoffte an Hand derer die jeweiligen toten Körper zu finden. Sie wartete auf die nächste Ladung von Leichen, die gefunden worden waren und abends gebracht wurden. Sie schaute sie durch, nachdem das gerichtsmedizinische Team seine Arbeit beendet hatte. Auf diese Weise war sie zuerst bei den Körpern und konnte sie identifizieren, sodass die Familien den Horror nicht erleben mussten, die entstellten Gesichter zu sehen. Es war ein so grässlicher Ort; kein Ort, an dem man seine Lieben finden möchte.

Die Gerichtsmediziner behandelten sie freundlich und schätzten, was sie zu tun versuchte. Manchmal machten sie sich aber auch über sie lustig, als unterste in der Hackordnung, da sie immer wieder nach einem Messer fragen musste, um die abgestorbene Haut und die Maden abzuschaben, damit die Körper so präpariert waren, dass die Familien ihren Anblick ertragen konnten. Aber das war ihr egal, denn niemand sonst tat diese Arbeit.

Es war eine sehr traumatische Arbeit und in jeder Minute des Tages erlebte sie mehr Grauen, als die meisten Menschen in ihrem ganzen Leben sehen müssen. Sie sagte, dass allein die Erinnerung an Amma sie dazu befähigte, weiterzumachen.

Sie wusste um die seelischen Schmerzen und Qualen der Familien, die kamen, um die sterblichen Reste ihrer Lieben zu sehen, weshalb sie versuchte so gut es eben ging, ihnen zusätzliche Qualen zu ersparen. Neben dieser Arbeit versuchte sie auch noch die Angehörigen zu trösten und ihnen Mut zuzusprechen. Manchmal nahm sie sie mit auf einen Kaffee oder versuchte einfach nur, sie emotional zu unterstützen.

Nachdem sie ein paar Monate dort gearbeitet hatte, musste sie nach Australien zurück, da sie kein Geld mehr hatte. Es war nicht überraschend, dass sie nach so vielen Stunden, umgeben von vermodernden Leichen, Maden, Hitze und gewaltigem Kummer eine erheblich veränderte Sichtweise auf das Leben hatte. Sie kam zu Hause an und fühlte sich ziemlich fehl am Platz. Sie kam sich vor wie eine Fremde, an dem Ort, den sie Heimat genannt hatte. Sie war angeekelt von all der Sinnlosigkeit, „Ich hab einen neuen Rock gekauft"…„John hat Sarah betrogen…". Sie wurde dort in Australien sehr unruhig, von dem enormen Leid wissend, welches die Menschen an anderen Orten erlitten.

Sie hatte keinerlei Geld mehr um zu reisen und entschied sich dazu, ihre Geschichte an eine Zeitung zu verkaufen, was ihr gerade so viel Geld einbrachte, dass sie sich ein neues Flugticket nach Sri Lanka kaufen konnte. Ihr Bruder flog mit ihr und die beiden halfen den Tsunami-Opfern, wo immer sie konnten. Einmal kam ein Mann mit einer blutenden Kopfwunde zu ihnen. Der örtliche Arzt hatte es abgelehnt, ihn zu behandeln. Sie hatte bis dahin noch nie eine Wunde genäht, wusste aber um die Dringlichkeit der sofortigen Versorgung des Schnitts, bevor der Mann zu viel Blut verloren hatte. Mutig machte sie die ersten Stiche und beendete dann erfolgreich die Arbeit, welche die Ärzte vor Ort nicht machen wollten.

Sie wurde für den *Young Australin Award for Bravery* nominiert. Humanisten der ganzen Welt waren berührt von ihrer großen Tapferkeit und ihres selbstlosen Wesens. Auch wenn sie nicht den ersten Preis erlangte, ist sie für viele die Gewinnerin.

Ein anderer gütiger Engel verspürte ebenfalls den dringlichen Wunsch, in Sri Lanka zu helfen. Da ein so großer Teil der Insel zerstört wurde, ließ man die Leichen einfach am Strand liegen, damit sie verrotteten. Nachdem er den toten Körper eines kleinen Mädchens am Strand liegen sah, beschloss dieser Mann, dass er sie mitnehmen und wie eine kleine Schwester beerdigen würde. Liebevoll hob er ihren Köper auf und begrub sie mit derselben Sorgfalt, mit der er jemanden aus der eigenen Familie begraben hätte. In der gleichen Haltung fuhr er fort, auch andere Leichen vom Strand wegzuholen.

Viele Stunden lang aß er gar nichts, sondern arbeitete einfach nur, um zu helfen. Schließlich erkannten die Einheimischen die Ernsthaftigkeit seiner Handlungen und übernahmen es persönlich, ihm Essen zu bringen, was auch immer sie hatten.

Er wollte das Rezitieren von *Om Namah Shivaya* organisieren, weil er wusste, dass die Menschen zu dieser Zeit dringend spirituellen Trost benötigten. Obgleich er Todesdrohungen von örtlichen militanten Gruppen erhielt, sagte er, dass er keine Angst vor dem Tod hätte. Er sagte, dass sie ihn töten könnten, wenn

sie wollten, aber er würde das Chanten des Mantras arrangieren, komme was da wolle – und das tat er. Überflüssig zu sagen, dass sie ihn einfach tun ließen, was er wollte, nachdem sie seinen Mut und die Stärke seines Charakters erkannt hatten. Diese beiden jungen Leute vergaßen sich selbst in ihrem Wunsch, irgendetwas für die in Not geratenen zu tun. Ihre einfachen heldenhaften Taten machen diese selbstsüchtige Welt zu einem sehr viel besseren Ort. Ammas Inspiration gibt uns die Kraft, unglaubliche Dinge zu erreichen, wenn wir uns von einer selbstlosen Haltung leiten lassen. In dieser Zeit großen Leidens und Kummers nach dem Tsunami wollten sich nicht nur Menschen, sondern auch Tiere gegenseitig helfen.

In Nairobi überlebte ein Nilpferdbaby die Wellen des Tsunamis an der kenianischen Küste. Obwohl es 300 kg wog, wurde es einen Fluss hinunter in den indischen Ozean geschwemmt und dann mit der gewaltigen Welle wieder zurück ans Ufer gespült. Nachdem das Nilpferd seine Mutter verloren hatte, war es traumatisiert. Man brachte es in ein Wildreservat, wo es von einer hundertjährigen Schildkröte bemuttert wurde. Die beiden entwickelten eine sehr innige Beziehung zueinander; die Schildkröte übernahm die Rolle einer Pflegemutter und sie ließ das Nilpferd ihr überall hin folgen, als wäre es ihr eigenes Junges. Die beiden aßen, schliefen und schwammen zusammen wie Mutter und Kind.

Ein siebenjähriger Junge wurde vor der Gewalt des Tsunamis vom Hund der Familie gerettet, der das Kind den Berg hinaufbrachte, hinaus aus der kleinen Hütte, in der es Schutz gesucht hatte. Die Mutter des Jungen war mit den beiden jüngeren Kindern geflohen, in der Hoffnung, dass der ältere Junge stark genug wäre, der Welle allein zu entkommen. Als der Junge in die Hütte rannte, stupste der Hund ihn zurück nach draußen und hinauf auf den nächsten Berg.

In Zeiten von Furcht und Sorge überwinden Liebe und Mitgefühl alle Grenzen. Ich stieß einmal auf einen kurzen Zeitungsausschnitt, in dem von einem jungen hart arbeitenden Regierungsbeamten zu lesen war. Er erzählte, wie er eine Menge seines Wissens über Katastrophenmanagement gewonnen hatte, als er mit einer schrecklichen Brandtragödie zu tun hatte, die sich in Kumbakonam, in der Nähe von Chennai, ereignete.

Bei diesem Unfall verbrannten 94 Schulkinder bei lebendigem Leib, und die die überlebten, trugen schlimme Verletzungen davon. Einige der Eltern verloren sogar zwei ihrer Kinder in dem Feuer. Wir können uns kein Bild von ihrem Kummer machen oder davon, wie sie es danach schafften, wieder in die Zukunft zu schauen. Mit Tränen in den Augen erzählte der Regierungsbeamte, dass er während der Tsunami-Hilfsaktion, die er leitete, einige der Mütter der damals verunglückten Kinder wiedertraf.

All diese Eltern taten sich zusammen, arbeiteten hart und schafften es, eine Summe von umgerechnet 2.500 Dollar aufzubringen, obwohl die meisten von ihnen selbst kaum etwas besaßen. Sie kamen, um ihm das Geld zu übergeben. Es waren Frauen, die ihre Kinder im Feuer verloren hatten, die jetzt Geld spendeten für Kinder, die ihre Eltern durch den Tsunami verloren hatten.

Der eigene Kummer brachte sie dazu, ihre Herzen zu öffnen. Während der Zeit des Tsunamis flossen im Ashram schmutziges Wasser und Schlamm durch alle Räume des Erdgeschosses. Viele Sachen aus meinem Lagerraum gingen kaputt oder wurden teilweise beschädigt. Nachdem wir uns alles angeschaut, gesäubert und sortiert hatten, fand ich eine Menge alter Perlen, von denen ich dachte, dass sie zu beschädigt seien, um noch irgendetwas daraus machen zu können. Für mich waren sie jedenfalls unbrauchbar.

Ich sortierte die Schlimmsten von ihnen aus und legte sie für die Kinder des Tsunami-Relief-Camps zur Seite. Ich dachte, dass es ihnen vielleicht Spaß machen würde, aus den Perlen Halsketten zu basteln. Ich wartete eine Weile, bis ich ein Mädchen fand, das gewillt war die Sachen ins Camp zu bringen, um sie den Kindern zu geben. Später erzählte sie mir, was passierte, als sie die Dinge in das kleine Camp in der Nähe des Ashrams brachte.

Sie sagte, dass sich die Leute dort ein paar Plastikmatten nach draußen holten und anfingen, die Perlen und die anderen Sachen zu sortieren. Ich hatte ihnen auch ein Stück Angelschnur und alte Verschlüsse, für die ich keine Verwendung mehr hatte, mitgegeben. Die Leute saßen stundenlang schweigend zusammen und fertigten aus den Sachen wunderschöne Halsketten. Entgegen meiner Vorstellungen, waren es nicht die Frauen und Kinder, die die Ketten auffädelten, sondern hauptsächlich die Männer. Sie hatten so viel Spaß dabei, aus dem Abfall anderer Leute etwas Schönes herzustellen. Ein paar der Männer schmückten sich gegenseitig mit den Ketten und amüsierten sich köstlich darüber, wie komisch sie damit aussahen.

Es war eine wunderbare Gelegenheit, den hartgesottenen Fischern, die so viel verloren hatten, etwas Freude zu machen. Sie verrieten, dass sie sich hilflos fühlten, weil sie ihren Familien – falls sie noch welche hatten – weder Nahrung noch Kleidung oder Schutz bieten konnten.

Amma wusste, dass diese Fischer von anderen Arbeiten nichts verstanden, da sie von der See lebten. Sie hatte das Gefühl, dass sie aufgrund der Frustration nutzlos zu sein, suizidgefährdet werden könnten, wenn sie mehrere Monate lang keine Arbeit hätten.

Ein Lächeln auf das Gesicht der Frauen und Kinder zu bringen, war nicht so schwierig gewesen. Durch diese Aufgabe fanden jetzt auch die Männer die Gelegenheit zu lächeln und wieder ein bisschen Freude zu spüren. Inzwischen ließ Amma neue Fischerboote für sie bauen.

Die vom Tsunami am schlimmsten betroffene Gegend in Indien war der Bundesstaat Tamil Nadu. Amma schickte umgehend Brahmacharis dort hin, um Hilfsarbeiten zu starten und die Flüchtlinge mit Essen und provisorischen Unterkünften zu versorgen, bis neue Häuser gebaut worden waren. Der Ashram verteilte an Tausende Reis und Trockengüter. Irgendjemand zeigte Amma Fotos von der Verteilung dieser Güter. Ich schaute ihr über die Schulter, als sie sie durchblätterte. Eines davon werde ich nie vergessen. Es zeigte einen weinenden Mann, der eine große Plastiktüte in der Hand hielt und einen Brahmachari, der versuchte, ihn zu beruhigen. Der Mann hatte eine Tüte voller Reis, doch niemanden mehr, der für ihn kochen würde und keine Familie, mit der er hätte teilen können, da seine ganze Familie bei dem Tsunami ums Leben gekommen war. Ich werde mich an den Ausdruck unerträglichen Schmerzes auf seinem Gesicht immer erinnern.

In einem Dorf in der Nähe von Amritapuri waren unzählige Familien am Boden zerstört, weil ihre Verwandten oder Kinder im Tsunami gestorben waren. Einige der Frauen wurden wieder schwanger, doch andere waren verzweifelt, weil sie sich früher einer Tubenligatur-Operation unterzogen hatten und jetzt keine Kinder mehr bekommen konnten. Einige dieser Frauen hatten sogar zwei Kinder verloren.

Als Amma von der Notlage dieser Familien erfuhr, forschte sie nach Möglichkeiten einer Umkehr-Operation, um es den Frauen zu ermöglichen, wieder empfangen zu können. Amma bestand darauf, dass die Ärzte die bestmögliche Technologie für diese Wiederherstellungs-Operationen verwendeten. Sechs Frauen unterzogen sich dieser Prozedur, durch die eine von ihnen wieder schwanger wurde. Das unendlich dankbare Paar brachte ein gesundes Baby auf die Welt.

Als Amma davon erfuhr, dass die anderen Operationen nicht erfolgreich verlaufen waren, wies sie die Ärzte im AIMS an, über Möglichkeiten der künstlichen Befruchtung nachzuforschen. Drei der Frauen versuchten es und wurden wieder schwanger. Eine von ihnen, die ihre Tochter und ihren Sohn verloren hatte, bekam Zwillinge – ein Mädchen und einen Jungen. Durch Ammas Gnade hatte sie wieder eine Familie. Diese Neugeborenen könnten die wahren Engel des Tsunamis genannt werden. Amma schenkte den Frauen das Leben noch einmal und die Fähigkeit wieder zu lächeln – eines der größten Wunder überhaupt.

Kapitel 14

Uns selbst vergessen

Diejenigen, die auf die Freuden und Leiden anderer genauso reagieren als wären es ihre eigenen, haben die höchste Stufe der Spiritualität erreicht.

Bhagavad Gita 6:32

Die Liebe einer Mutter ist unvergleichlich. Ihre Geduld und Ausdauer sind unübertroffen. Sie vergisst sich selbst, denkt immer zuerst an die Bedürfnisse der Kinder und nicht an ihre eigenen. Manchmal opfert sie um ihrer Kinder willen Essen und Schlaf, ist dabei aber glücklich, weil sie es aus Liebe tut.

Amma erzählt eine Geschichte davon, wie unermesslich die Liebe einer Mutter sein kann. Es ist eine Erzählung aus Tamil Nadu, die von der Liebe einer großen Königin und ihrem Opfer, das sie für die Welt erbrachte handelt. Die Königin war kurz vor der Niederkunft, als sie einen Astrologen zu sich rief, um die Zukunft des Kindes vorhersagen zu lassen. Der Astrologe prophezeite, dass die Geburt des Kindes zu einem bestimmten Zeitpunkt großes Leid über sie, den König und das ganze Königreich bringen würde. Würde das Kind jedoch zu einem späteren Zeitpunkt geboren, würde es erhaben, liebenswürdig und selbstlos werden und dem Königreich viel Glück bringen.

Die Königin achtete sehr genau auf die glückverheißenden Geburtstermine, die ihr genannt worden waren. Unglücklicherweise setzten die Wehen bei ihr schon sehr bald ein. Sie dachte:

Wenn ich das Baby jetzt zur Welt bringe, wird es dem ganzen König-reich Unglück bringen. Das soll niemals geschehen. Die Königin befahl ihren Dienerinnen, sie mit dem Kopf nach unten aufzu-hängen, damit sich die Geburt verzögern würde. So blieb sie, bis die günstige Zeit kam, zu der das Baby geboren werden sollte. Als die Zeit kam, bat sie die Dienerinnen, sie herunterzuho-len, damit sie das Kind auf die Welt bringen konnte. Wegen des extremen Traumatas überlebte die Königin die Geburt nicht. Doch ihr Sohn wurde aufgrund der unglaublichen Opfer seiner Mutter später ein großer Heiliger.

Es gibt nichts Mächtigeres als die Liebe einer Mutter.

Als beim Tsunami in Thailand alles panisch vor der heran rollenden Welle davonlief, rannte eine Schwedin in genau die entgegengesetzte Richtung, direkt auf die Welle zu. Sie wurde fotografiert, als sie in das Wasser rannte, um zu versuchen, ihren Mann, ihren Bruder und ihre drei Söhne zu retten. Die Zeitungen berichteten später darüber, dass niemand wüsste, ob die Mutter oder ihre Familie überlebt hätte. Später las die Frau diesen Arti-kel und berichtete, dass die gesamte Familie überlebt hatte, und dass sie kurz nachdem das Wasser sie an einen höher gelegenen Ort gespült hatte, alle wieder zusammen waren. Nachdem sie dem Tod so nah waren, erkannten sie, wie wertvoll das Leben ist und wie stark die Mutterliebe sein kann, die das eigene Leben riskiert, um andere zu retten. Die Reinheit und Selbstlosigkeit der Liebe einer Mutter wird ihr immer die Kraft geben, alles zu tun, was nötig ist.

Wenn jemand am ertrinken ist und wir wollen ihn retten, können wir uns in diesem Moment nicht um uns selbst kümmern. Unser Ego muss verschwinden, um die Fähigkeit zu erlangen, andere zu retten. Auch durch die tiefe Liebe zu Gott können wir uns selbst völlig vergessen. Nach dieser Liebe sollten wir streben. Es ist diese Liebe, die Amma für die Welt fühlt. Sie gibt ihr die

Kraft, immer weiter zu machen und die Menschen zu empfangen, die zu ihr kommen.

Manchmal stürzen sich die Menschen vor lauter Begeisterung, endlich ihren Darshan zu erhalten, auf Amma, treten ihr auf die Füße und verletzen sie sogar ab und zu. Sie verlangen so viele Dinge von ihr, und dennoch wird sie die Anliegen jedes Einzelnen behandeln, als kämen sie von ihrem eigenen Kind. Wir könnten wahrscheinlich gerade mal eine halbe Stunde sitzen und uns die immer gleichen Fragen anhören, bevor wir aufspringen und davonlaufen würden. Amma hingegen sitzt geduldig da und schenkt jedem, der zu ihr kommt, ihre Aufmerksamkeit. Sie tröstet schmerzende Herzen und hört sich stundenlang Probleme an, auch wenn ihr eigener Körper schmerzen mag. Sie denkt niemals an ihre eigene Bequemlichkeit, alle anderen haben Vorrang, sie selbst kommt ganz zum Schluss.

Amma ist das perfekte Beispiel absoluter Selbstkontrolle. Wir hingegen haben manchmal das Gefühl, unsere Grenzen erreicht zu haben. Trotzdem ist es oft so, dass wir das Gefühl haben, doch noch weitermachen zu können, wenn wir an genau diesen Punkt angelangt sind. Für Amma gibt es keinerlei Grenzen. Sie gibt in jeder Situation das Äußerste, egal wie sie sich fühlt. Ihre Liebe gibt Amma die Kraft und Fähigkeit, alles tun zu können.

Wir können versuchen, ihrem Beispiel so gut es geht zu folgen, stellen aber meistens fest, dass wir dazu außerstande sind. Unser Verstand täuscht uns vor, dass wir uns etwas mehr ausruhen oder unsere Kräfte schonen sollten, weil wir uns nicht wohl fühlen – nicht so Amma. Jeder Atemzug von ihr ist für die Welt und niemals denkt sie an sich selbst. Sie ist ein Beispiel von absolutem Mitgefühl und Vergebung. Vielleicht erklärt das, warum viele Menschen von ihr als dem „Absoluten" denken.

2003 mussten wir die Australien-Tour wegen der *SARS*-Krise absagen, weil es zu schwierig geworden wäre, mit einer großen

Gruppe zu reisen. Zu dieser Zeit erhielt ich einen Brief von einer der Satsang-Gruppen-Leiterinnen. Sie schrieb:

Ich war in die Vorbereitungen für die Tour involviert. Überflüssig zu sagen, dass ich gerade, wie so viele andere auch sehr bekümmert bin, da wir solche Sehnsucht nach Amma haben, wenn sie nicht bei uns ist.

Ich weiß, dass Amma die Gedanken und Gefühle ihrer Kinder kennt, dass sie an uns denkt und traurig ist, nicht zu uns kommen zu können. Aus meiner Sicht würde ich mir wünschen, dass Amma auch weiß, dass ihre Kinder, auch wenn sie betrübt sind, durch ihre Gnade die Stärke gefunden haben, diesem Umstand ins Auge zu sehen. Allein ihrer Gnade ist es zu verdanken, dass es so viel Liebe und Zusammenhalt gibt, dass so viel erreicht worden ist und sich so viele Herzen geöffnet haben und dies weiterhin geschieht.

Meine Tränen fließen, nicht aus Traurigkeit, sondern aus Dankbarkeit, was ich nicht wirklich in Worten beschreiben kann…Ich will mich nur immer wieder zu ihren gesegneten Füßen niederwerfen.

Es ist absolut ehrfurchtsgebietend, dass Amma mütterliche Sorge für jedes einzelne Individuum empfindet und gleichzeitig universale Erkenntnis besitzt, die Vergangenheit, Gegenwart und Zukunft umfasst.

Es war ein so gesegnetes Geschenk, dies erkennen zu dürfen, wie niedrig auch immer die Ebene sein mag, auf der ich das verstehen kann. Dies ist wirklich Ammas süßestes Prasad und ich werde mich noch mehr bemühen, mich im täglichen Leben auf dharmische Weise zu verhalten, da meine Amma, die die Architektin der Gesetze ist, es sich ausgesucht hat, ihren Kindern ein Beispiel für Vollkommenheit zu sein.

Wie viel Glück wir doch haben, uns als Ammas Kinder betrachten zu dürfen, ihr dienen zu können und – wenn auch mit unsicheren Schritten – in ihren heiligen Fußspuren zu wandeln.

Wir haben im Leben die Wahl. Wir können entweder leiden oder unglückliche Umstände als Gottes Wille akzeptieren, wie sie es getan haben. Auch wenn sie völlig am Boden zerstört waren, dass Amma sie in jenem Jahr nicht besuchen kam, vergaßen sie ihre persönlichen Wünsche durch ihre Hingabe völlig.

Wenn sich das Herz in Liebe öffnet, um alles als Gottes Wille willkommen zu heißen – selbst die ungünstigsten Situationen – dann wird uns wahrhaftig Gnade zuteil werden.

Während einige froh darüber sind, eine engere Bindung an Amma gefunden zu haben, mögen sich andere darüber Sorgen machen, ob das gut für sie sei. Sie denken, dass sie doch freier und unabhängiger werden sollten und verstehen die schmerzhafte Sehnsucht nicht ganz, die sie manchmal fühlen, während sie Amma langsam näher kommen.

Unser Geist braucht immer etwas, an dem er sich festhalten kann. Wenn wir Kinder sind, dann halten wir uns an unserer Mutter und unserem Vater fest. Wenn wir älter werden, wollen wir so viel Zeit wie möglich mit unseren Freunden verbringen und wenn wir heiraten, sind wir abhängig von unserem Partner. Es ist die Natur des Geistes, dass er immer etwas zur Unterstützung braucht. Amma bietet sich uns als Leiter an, um zur Gottverwirklichung hinaufzuklettern. Die Anhaftung an Amma

dient wirklich nur dazu, uns zur höchsten Bewusstseinsebene zu führen, weil wir diese nicht allein erreichen können.

Eine junge Frau hatte das Gefühl, dass sie mehr Zeit im Jahr mit Amma verbringen sollte. Sie fühlte sich nicht recht wohl mit diesem Gefühl der Bedürftigkeit, wie sie es ausdrückte, da es sich so völlig von der Konditionierung unterschied, mit der sie im Westen aufgewachsen war. Sie erzählte Amma, wie sie sich fühlte und Amma erwiderte: „Amma mag deine Unschuld, und durch deine reine Entschlossenheit werden all diese Dinge wahr werden. Am Anfang ist Hingabe schwierig. Sie beginnt wie ein Fluss und wird irgendwann einmal zum Ozean – und eines Tages wird es keine Trennung mehr geben zwischen Dir und dem Ozean."

Sie erzählte, wie sie sich fühlte, nachdem sie mit Amma über ihre Zweifel gesprochen hatte:

> „Ich habe in Ammas Worten so viel Trost gefunden. Sie hat mir gesagt, dass ich mich enger an sie binden soll. Ich erkenne, dass ich mich noch entwickle, dass ich immer noch ein Kind bin, das die Nähe seiner Mutter braucht, solange ich noch dabei bin, mich enger an Gott zu binden und weniger eng an die Welt. Die Bedürftigkeit, die ich fühlte, war ein Fortschritt und kein Rückschritt. Um die Anhaftung an die Welt durch die Anhaftung an Amma zu ersetzen, muss ich ihr nahe sein. Aber wenn meine Bindung an Gott enger geworden ist, dann muss ich ihrer physischen Form nicht mehr nahe sein, weil ich eins mit ihr geworden bin.
> Der Sinn von Anhaftung ist dem westlichen Denken nicht eingängig. Es fühlt sich an wie ein Rückschritt, weil wir dauerhaft darauf konditioniert wurden, dass es Unabhängigkeit ist, die einen erwachsen, reif und

verantwortungsbewusst werden lässt. Wir sind jedoch nie unabhängig; wir sind abhängig von der Welt, um unsere Wünsche zu befriedigen und das macht uns unglücklich. Mein westlicher Geist urteilt noch immer, sagt, dass ich Rückschritte mache, dass ich Gott in mir finden muss –warum kann ich nicht einfach meditieren und dies spüren? Meine Bindung an Amma hat mir geholfen, weniger an den weltlichen Dingen zu hängen, die nicht gut für mich sind. Sie ersetzt diese Abhängigkeiten buchstäblich."

Manche Menschen finden sich selbst über den Weg der Hingabe, während sich andere dadurch völlig verlieren.

Während wir durch den Bundesstaat Karnataka reisten, übernachteten wir in Ammas Schule in Karwar. Die Leute von dort freuten sich unbändig auf Ammas Programm. Sie sprudelten über vor Hingabe. Die Polizei formierte sich zu einer Kette, um Amma vor der Menge zu schützen, als sie zu ihrem Auto ging. Mit der überwältigenden Ergebenheit, die in der Menge aufkam, vergaß die Polizei, dass es eigentlich ihre Aufgabe war, die Menschenwoge, die auf Amma zu schwappte, zu stoppen. Die Polizisten waren die ersten, die nach vorne stürzten, um Ammas Füße zu berühren. Also musste ich in die Rolle der Polizei schlüpfen und sie von Amma wegziehen, damit wir weitergehen konnten.

2006 in Ahmedabad kam eine Familie mit einer sehr alten kranken Frau zu Amma, um ihren Segen zu erbitten. Die alte Frau konnte nicht laufen oder sprechen und war mit einer Magensonde versehen. Ihr Bruder bat Amma, sie zu heilen. Er sagte, dass sie in den letzten drei Monaten ihre Bewegungsfähigkeit verloren hatte und nicht mehr sprechen konnte. Ihre Familie hatte sie in einem Stuhl zu Amma getragen, da sich die Frau schon beinahe in einem wachkomatösen Zustand befand. Amma hatte sie einige

Jahre zuvor in ihrem Haus besucht, weswegen die Familie sie in der Hoffnung zu Amma brachte, dass etwas in ihr durch ihre Hingabe wieder zum Leben erweckt würde.

Amma rief die alte Frau einige Male. Allmählich begann sie Amma wiederzuerkennen und kam langsam zurück ins Leben. Sie seufzte glücklich, begann ihre Arme zu bewegen und versuchte Ammas Gesicht zu berühren. Sie hatte Tränen in den Augen; so auch ihr Bruder, der überwältigt war von Dankbarkeit, die er für Amma empfand. Die wenigen von uns, die dabeistanden, waren ebenfalls den Tränen nahe. Es war zutiefst bewegend, jemanden zu erleben, der in einem fast komatösen Zustand war und durch Ammas Anblick wieder ins Leben zurückkam.

Ein Jahr später brachte die Familie sie erneut zu Amma. Dieses Mal saß sie in einem Rollstuhl. Als sie in den Raum gebracht wurde, leuchtete ihr Gesicht vor Aufregung. Sie streckte die Hände aus, um Ammas lächelndes Gesicht zu berühren. Sie war nicht wirklich in der Lage zu sprechen, aber mit konzentrierter Anstrengung schaffte sie es, vier Worte hervorzubringen, die sie zu jedermanns Freude einige Male wiederholte. Langsam begann sie die Worte zu formen: „Amma….ich…liebe…dich." Wir waren alle so glücklich, diesen enormen gesundheitlichen Fortschritt zu sehen, den sie im vergangenen Jahr gemacht hatte. Ihre Familie erzählte, dass sie sich permanent verbessert hatte, seit sie Amma das Jahr zuvor gesehen hatte und sie keinerlei Medikamente mehr nehmen würde. Die Liebe zu Amma ließ sie weitermachen. Egal wie jung oder alt jemand ist – alle sind Kinder in den Augen dieser mütterlichen Liebe.

Einem Devotee aus Los Angeles, der bei den Vorbereitungen für das jährliche Programm emsig mitarbeitete, wurde für seine tatkräftige Unterstützung eine kleine Belohnung angeboten. Die Organisatoren fragten ihn, ob er Ammas Schuhe anziehen wolle (normalerweise hält jemand am Ende eines Programms

Ammas Sandalen bereit und hilft ihr beim reinschlüpfen). Tief in Gedanken versunken brauchte er eine Weile für seine Antwort. Wir wunderten uns, warum er das Angebot nicht ganz schnell annahm. Schließlich antwortete er: „Die werden mir doch gar nicht passen, oder?"

Später lachten wir lange darüber. Er hatte nämlich gedacht, er dürfe Ammas Schuhe für eine Weile anziehen, um die positive Energie aus ihnen aufzusaugen.

Einer der Männer hatte es immer geliebt zu meditieren und schon an zahlreichen Retreats teilgenommen, aber er sagte, seine beste meditative Erfahrung hatte er, als er 2002 beim ersten Programm in Malaysia Seva machen durfte.

Während des Zwei-Tages-Programms arbeitete die Truppe, die mit Amma reiste buchstäblich pausenlos rund um die Uhr, mit wenig zu essen und zu trinken. Dennoch schien diese Art des Einsatzes das Beste aus jedem herauszuholen. Es gab kaum Zeit für selbstsüchtige Gedanken – jeder war gewillt zu tun, was nur möglich war.

Es war eine gigantische Ansammlung von Tausenden von Menschen, die Amma alle zum ersten Mal begegneten und die meisten mussten stundenlang in der Hitze warten, bis sie zum Darshan gehen konnten. Am zweiten Tag gab es über 500 Familien mit besonderen Bedürfnissen, Kinder in Rollstühlen und hunderte von älteren Menschen. Die Halle war viel zu klein, um der gewaltigen Menschenmenge Platz zu bieten, sodass wir ständig damit beschäftigt waren, neuen Platz außerhalb der Sonne zu schaffen, damit diese Familien dort warten konnten.

Die Gruppe, die mit Amma reiste, half unermüdlich und begeistert bei der Durchführung der Programme. Es schien Ammas Gnade zu sein, dass sie derart hart arbeiten konnten und dabei so unglaublich erfüllt waren, trotz minimalem Komfort und weniger Pausen. Einige von ihnen sahen Amma in diesen zwei Tagen nur zwei Mal, dann nämlich, wenn sie sie rief, um ihr während des Darshans fünf Minuten lang Prasad zu geben. Dennoch sagten die Leute, die an den Buchständen arbeiteten und die, die versuchten, die großen Menschenmengen zu organisieren, dass sie sich Amma nie näher gefühlt hätten. Sich im Dienen selbst zu vergessen, brachte ihnen mehr inneren Frieden als sie es durch jede Meditation, jemals erfahren hatten.

Indem wir Amma in uns finden, und uns während wir ihr dienen selbst vergessen, entdecken wir die Möglichkeit, wahren Frieden und Glück zu erfahren. Was wir gewinnen, ist unschätzbar und was wir verlieren oder vergessen ist nichts außer dem, was uns von unserem eigenen Selbst trennt.

Als Amma von Reportern gefragt wurde, was sie erlebt, wenn sie die Menschen beim Darshan umarmt, antwortete Amma, dass sie mit ihnen eins wird und ihre Schmerzen, Sorgen und Freuden spürt. Sie sieht andere, als sähe sie in ihr eigenes Spiegelbild. Sie sieht nicht mehr zwei, sondern nur einen. Durch selbstlose Liebe werden wir alle eins.

Kapitel 15

Wahre Hingabe

Wenn Funken fliegen,
werde ich denken, dass mein Hunger
und mein Durst schon gestillt sind.
Wenn der Himmel seine Schleusen öffnet,
werde ich denken, es regnet herunter für mein Bad.
Wenn ein Berghang abrutscht und mich bedeckt,
werde ich denken, er bringt Blumen für mein Haar
O Herr, weiß wie der Jasmin,
wenn mein Haupt von den Schultern fällt,
werde ich denken, es ist ein Opfer für Dich

Akka Mahadevi

Wenn Leute versuchen, Amma für all das was sie tut zu loben, wehrt sie immer ab und will niemals irgendwelche Verdienste für sich selbst in Anspruch nehmen. In ihrer erstaunlichen Bescheidenheit sagt sie, dass sie nur ein Instrument sei. Sie sagt, dass sie so viele gute Kinder hat, die der Grund dafür sind, dass all die wundervollen Projekte umgesetzt werden. Amma sagt, sie sei einfach wie eine Pipeline, die uns aus der Quelle heraus speist.

Als wir 1987 zur ersten Welt-Tour aufbrachen, habe ich mich immer gefragt, wie das wohl alles werden würde. Ich wusste, dass *wir* Amma liebten, aber was würden die Menschen im Westen fühlen? Ich machte mir ein bisschen Sorgen darüber, wie die

Menschen auf sie reagieren würden, da ich so viele verschiedene außergewöhnliche Facetten von Ammas göttlichem Wesen gesehen hatte.

Der Aspekt der göttlichen Mutter war nur eines von unzähligen Gesichtern, das sie uns zeigte. Sie konnte genauso gut wie ein unschuldiges Kind werden, wie eine Verrückte oder die Gestalt von Kali annehmen, die versucht, unser Ego zu zerstören. Amma wurde zu dem, was wir brauchten, um uns zu helfen, die starre Schale unserer Vorlieben und Abneigungen zu zerbrechen. Sie konnte Furcht in uns erzeugen, wenn unsere Fehler korrigiert wurden und genauso gut unsere unnachgiebigen Herzen mit einem einzigen Blick zum Schmelzen bringen. Amma sprach nicht viel Englisch und trug immer traditionelle indische Kleidung. Ich fragte mich, ob die Leute im Westen gewillt waren, sie zu akzeptieren. Ich zweifelte daran, ob sie in der Lage sein würden, Ammas ganze Größe zu erkennen, die so tief hinter ihrer Bescheidenheit verborgen war.

Wir fanden Amma absolut unwiderstehlich, aber die Welt hatte nie einen spirituellen Meister gesehen, der auch nur annähernd so wie Amma gewesen wäre. Natürlich waren meine albernen Gedanken völlig unbegründet. Amma zweifelte nie daran, akzeptiert zu werden. Sie war Gottes Wille immer völlig ergeben und wies uns an, uns niemals um irgendetwas zu sorgen, da Gott uns immer alles geben würde.

Amma hat nie erlaubt, dass irgendjemand in ihrem Namen etwas verlangt. Sie wollte immer, dass wir hart arbeiten für das, was wir brauchen. Von Beginn an, als die Menschen zu ihr kamen und ihr Herz ausschütteten hatte sich Gottes Gnade und das Schicksal entfaltet.

In den frühen Jahren gab es im Ashram nur ein paar überdachte Hütten, in denen wir lebten, obschon wir oft auch draußen unter den Sternen im Sand schliefen. Außerdem wurde unsere karge Unterkunft manchmal den Besuchern angeboten, für die es keine andere Unterkunft gab. Einmal spendete ein Devotee etwas Geld, damit wir eine Gebetshalle bauen konnten. Etwa zur gleichen Zeit hörte Amma von der entsetzlichen Notlage der Kinder aus dem Waisenhaus in Paripally, das in einem grauenvollen Zustand war. Sie entschied, das Waisenhaus mit dem Geld, das eigentlich für den Hallenbau geplant war, zu kaufen, um die Kinder aus ihren schrecklichen Lebensumständen heraus zu holen. Mit dem Bau der Halle mussten wir ein paar Jahre länger warten, aber Amma wusste, dass wir es auch so immer schaffen würden.

Wenn manchmal irgendein Grundnahrungsmittel knapp wurde, gerieten wir in Panik und machten uns Sorgen, wie wir ohne Geld etwas einkaufen sollten. Genau in diesem Moment, wenn wir wirklich Angst bekamen, tauchte irgendjemand auf und spendete genau den Betrag, der uns gefehlt hatte. Später erkannten wir dann, wie lächerlich unsere Sorgen gewesen waren. Gott hat sich immer um uns gekümmert.

Amma sagt, dass sie schon immer wusste, dass es ihr Schicksal war, so zu werden wie sie ist. Von Geburt an war sie sich ihres inneren Wesens völlig gewahr, sie erkannte, dass sie dazu bestimmt war, sich selbst zu opfern, um der Welt zu dienen. Ich denke, dass es Gottes Gnade ist, die ihr die Kraft gibt, den Menschen zu dienen und zu tun, was sie tun muss. Es spottet der Medizingeschichte, dass Amma immer noch weitermachen kann mit dem was sie tut.

Die meisten großen Heiligen, die vor Ammas Zeit gelebt haben, litten an irgendwelchen Krankheiten, aber dienten den Menschen trotzdem. Sie schlossen sich wegen ihrer Krankheit nicht irgendwo in einen Raum ein oder lehnten es gar ab, Leute zu empfangen. Sie lehrten, dass wir uns über diese Beschwernisse hinwegsetzen sollten, um weiterhin dienen zu können. Wir sollten einfach damit weitermachen, anderen zu geben.

Die größten Lehren aus Ammas Leben ziehen wir aus der Beobachtung ihres Lebens und wenn wir ihrem Vorbild folgen. Sie hat die unglaubliche Selbstkontrolle, durch die sie sich völlig über ihr eigenes Körperbewusstsein zu erheben vermag. Wenn wir bei den Programmen zu später Stunde manchmal alle gerne nach Hause gehen würden, um ein bisschen zu schlafen, fängt Amma an, das Tempo zu verlangsamen und denen, die als Letzte kommen, die besten Darshans zu geben. Ihr Körper mag Schmerzen empfinden, aber sie geht darüber hinweg und vergisst sich selbst vollkommen. Sie will es so, weil sie sich der Welt zum Geschenk gemacht hat und sie sagt, dass man Geschenke niemals zurücknehmen soll.

Es gibt es eine wunderschöne Geschichte darüber, wie die Mahatmas der Welt immerzu geben. Sie können nicht anders – das Geben ist einfach ihre Natur. Ihre Herzen sind mit so viel Liebe angefüllt, dass sie vor Mitgefühl überfließen. Auch wenn die Welt nicht versteht was sie tun, zwingt sie ihr Wesen dazu, immer weiter zu geben.

Es gab einmal einen Mahatma, der in eine sehr niedere Kaste geboren worden war. Er war von Beruf Töpfer, und wenn er auch Selbstverwirklichung erreicht hatte, hörte er mit seiner Arbeit nicht auf. Täglich ging er in den Wald, um dort Lehm zu sammeln und formte auf seiner Töpferscheibe genau zehn Töpfe. Die restliche Zeit verbrachte er in Meditation. Er versuchte die Töpfe, die er machte, an die Dorfbewohner zu verteilen. Da er aber aus einer niederen Kaste stammte, lehnten diese seine Almosen ab.

Eines Tages hatte er eine Idee. Er ging von Haus zu Haus und erklärte, dass er die Töpfe verkaufen würde. Er verkündete: „Ich habe zehn Töpfe zu verkaufen, habt ihr Interesse daran? Sie kosten 15 Rupien das Stück." Dies verärgerte die Leute, weil sie wussten, dass sie nur um die zehn Rupien kosten sollten. Sie antworteten dem Töpfer, dass sie seine Töpfe nicht wollten, weil sie diese woanders billiger bekommen würden. Sie sagten ihm, er solle gehen und seine Pötte mitnehmen.

Der Töpfer sagte: „In Ordnung, ihr müsst sie nicht kaufen. Ich werde meine neun Töpfe wieder mitnehmen", wohl wissend, dass er eigentlich zehn mitgebracht hatte. Die Leute im Haus dachten dann: *Er weiß nicht, wie viele Töpfe er uns gegeben hat. Vielleicht können wir den einen behalten, weil er ihn ja gar nicht vermisst.* Der Töpfer ging von einem Haus zum anderen und ließ in jedem Haushalt einen Topf zurück. Die Leute merkten nie, dass er ihnen die Töpfe absichtlich gab.

Gott gibt uns in gleicher Weise, auch wenn wir denken, dass wir seine Gnade nicht wollen oder nicht brauchen. Wir werden nie genau begreifen, wie ein verwirklichter Meister an uns arbeitet, um uns von unseren Leiden wegzubringen, die wir uns selbst zufügen. Unser begrenzter Verstand kann nicht mehr als einen Bruchteil dessen verstehen, was die Mahatmas uns tatsächlich geben können.

Eine amerikanische Devotee fand in Amma, wonach sie immer gesucht hatte: spirituelle Führung und eine liebende Mutter, die sie von der Dunkelheit zum Licht führen würde. Sie erkannte, dass nur die Gnade spiritueller Führung die Lücken in ihrem Leben ausfüllen und es so zu einem vollständigen Ganzen fügen könnte. Eines Nachts während eines Programms in San Ramon unterhielt sie sich mit einem Freund, der draußen Parkplatz-Seva machte, als sie von einer Frau unterbrochen wurden, die auf sie zustürmte und rief: „Einer von euch da oben auf dem Meditationshügel braucht Hilfe!"

Ihr Freund griff nach dem Walkie-Talkie, um das Sicherheits-Team zu rufen und jemanden auf den Hügel hinauf zu schicken. In der Zwischenzeit sagte ihr Freund beiläufig zu ihr: „Warum gehst du nicht mal hoch und schaust nach, was da los ist?"

Die Frau war einverstanden, ging geradewegs zur Tür hinaus und lief hoch auf den Hügel. Irgendjemand hatte ihr an diesem Tag einen Lutscher geschenkt, den sie gerade zufällig im Mund hatte.

Da der Mond fast nicht zu sehen war, war es ziemlich dunkel und sie konnte nicht besonders viel sehen. Im Gebüsch zu ihrer Linken nahm sie einen vermeintlichen Haufen Kleider wahr. Sie ging näher heran und hörte eine Stimme, die aus dem Kleiderhaufen kam: „He, kannst du mir helfen?" Es war ein Australier, der gerade im Sicherheits-Team mithalf.

Sie ging ein bisschen näher an den Kleiderhaufen heran, und während ihre Augen sich langsam an die Dunkelheit gewöhnten, sah sie, dass es zwei Männer waren, die sie für den Kleiderberg gehalten hatte. Der Mann vom Sicherheits-Team lag auf dem Rücken und ein anderer, der auf ihm drauf saß, drückte ihn zu Boden.

Als sie endlich kapierte, was da vor sich ging, begann sie sofort den Kerl herunter zu ziehen. Der junge Mann begann sich zu wehren. Um ihn daran zu hindern sie anzugreifen, schmiss sie ihn mit dem Gesicht nach unten auf den Boden, schnappte sich seinen rechten Arm und presste ihn mit einem Sicherheitsgriff auf den Rücken. Er wehrte sich noch immer, aber sie ließ ihn nicht auf die Füße kommen und packte nur noch fester zu. Sie war gar nicht wütend oder verstört, sondern hielt ihn einfach nur fest unter Kontrolle. Sie hatte vielmehr Angst, dass sie ihn verletzen könnte, wenn er nicht aufhören würde, sich zu wehren.

Nach ein paar Minuten kam ein anderer aus dem Sicherheits-Team zu ihnen herauf. Er sprang auf den Kerl zu und hielt ihn von der anderen Seite fest. Danach setzte sich der junge Mann völlig erschöpft hin. Die beiden Australier drehten sich zu ihr um und grinsten sie an. Zuerst wusste sie nicht genau, ob sie über die Tatsache, dass eine Frau einen von ihnen gerettet hatte lächelten

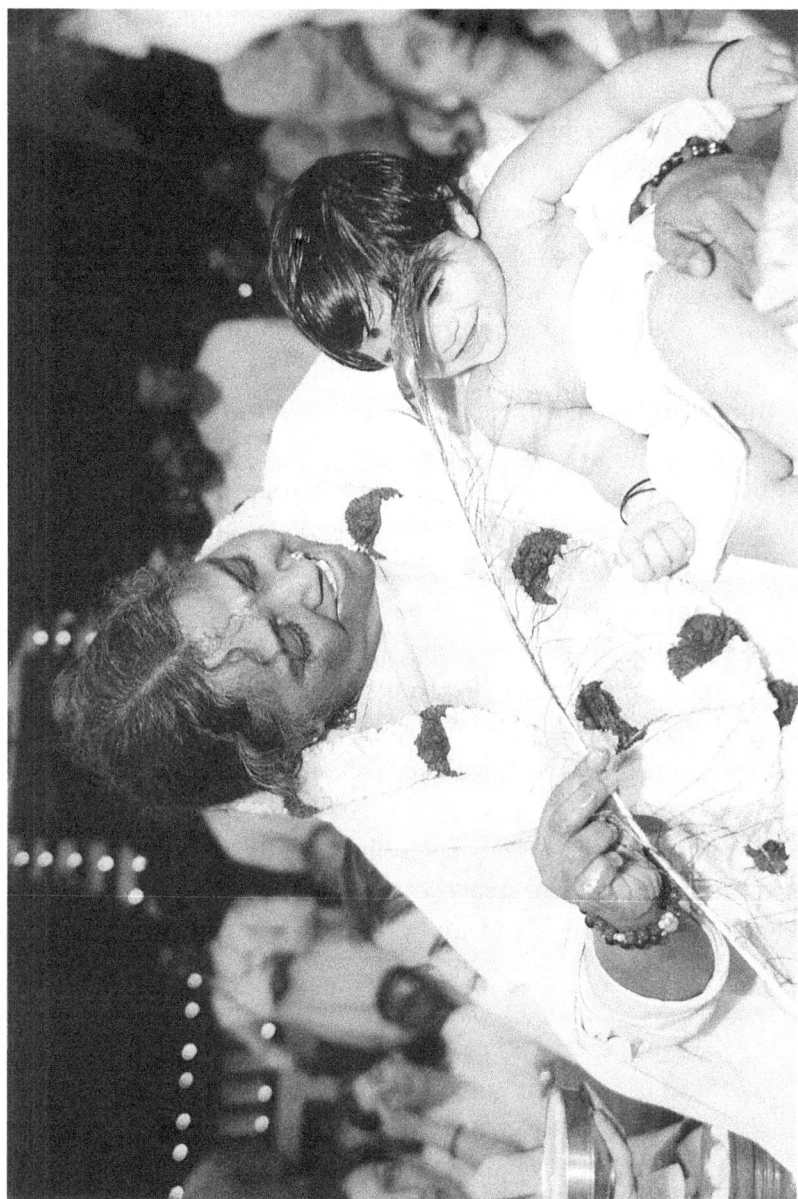

oder darüber, dass sie noch immer den Lutscher im Mund hatte – oder vielleicht auch über beides. Während der ganzen Szene hatte sie diesen Lolli im Mund, den sie als alle aufgestanden waren gerade zu Ende gelutscht hatte.

Sie ist später nicht von sich aus zu Amma gegangen, um ihr von den Erlebnissen zu erzählen, weil sie dachte, es würde nur ihr Ego aufbauschen. Aber die Geschichte, wie ein Mädchen einen starken Australier gerettet hatte, machte bald die Runde. Amma fand es großartig, dass ihm eine Frau zur Hilfe gekommen war und erzählte den anderen am Ende eine urkomische Version der Geschichte: Ein Mädchen ging zufällig mit einem Lutscher im Mund den Hügel hinauf. Sie sah einen Verrückten, der mit den Männern kämpfte. Sie ging zu dem Verrückten und schlug ihn mit dem Lutscher, worauf der Verrückte davonflog.

Eine sehr nette Frau gab ihr eine Auszeichnung aus Papier, den „Lollipop-Helden-Preis". Sie dachte, dass Amma sich bestimmt darüber amüsieren würde und schleppte sie mitsamt dem Preis zu Amma.

Am allerletzten Tag der Tour machte Amma in Boston, kurz vor ihrem Rückflug nach Indien, mit der ganzen Gruppe zusammen ein Picknick. Während Amma damit beschäftigt war, Essen an alle zu verteilen, zeigte sie ihr den Preis.

Amma forderte den Australier auf, die Geschichte seiner Rettung zu erzählen. Als er damit fertig war, nahm Amma den Papier-Preis in die Hand und begann selbst eine Geschichte zu erzählen:

> „Es war einmal ein Feuer, das war so groß und stark, dass es total außer Kontrolle geraten war. Sämtliche Löschwägen hatten Angst davor, sich ihm zu nähern. Es kamen sogar noch Extra-Löschfahrzeuge, aber auch diese trauten sich nicht an das Feuer

heran. Plötzlich, keiner wusste woher, raste ein Feuerwehrauto direkt auf das Feuer zu. Das machte den anderen Mut und sie folgten ihm direkt hinterher, und bald darauf hatten sie das Feuer gelöscht. Alle waren stolz auf den Fahrer des ersten Löschwagens und wollten ihm eine Auszeichnung verleihen. Sie veranstalteten ein großes Festessen für ihn und als alle da waren, fragten sie ihn, ob sie irgendetwas für ihn tun könnten, um ihm ihre Dankbarkeit zu zeigen. Er antwortete: „Ich würde gerne die Bremsen meines Löschfahrzeugs repariert bekommen!"

Alle lachten. Dann hielt Amma den Papier-Preis hoch und sagte: „Und dafür hat sie den Preis bekommen?" Niemand sagte etwas. Die Lollipop-Heldin begann nervös zu werden. Ihre Gedanken eilten zurück zu jener Nacht, und sie begann ihr Handeln in Frage zu stellen. Dann drehte sich Amma zu dem Australier um und sagte: „Ich habe dich gebeten, die Geschichte aus deiner Sicht zu erzählen. Die Feuerwehrgeschichte war an dich gerichtet!" Dann machte sie die Frau nach, wie sie an ihrem Lolli lutschte. Sie rollte mit ihren Augen wie ein Kind nach vorne und nach hinten und gab vor, den bösen Kerl mit dem Lutscher zu schlagen. Amma und alle anderen brüllten vor Lachen. Sie betrachtete die Auszeichnung eine Weile mit einem breiten Lächeln auf dem Gesicht und verkündete dann allen, wie tapfer die Frau gewesen war. Amma küsste sie auf den Kopf und gab ihr den Preis zurück.

Diese Frau wusste, dass sie nur ein Instrument in der Hand der Meisterin war. Sie hatte gehandelt, aber ihr Geist war völlig ruhig und gegenwärtig gewesen ohne Angst, Sorge oder Schrecken. Sie hatte nicht an die Zukunft gedacht und daran, was hätte passieren können; auch war sie nicht gelähmt von Erinnerungen an die Vergangenheit, die sie vielleicht handlungsunfähig gemacht hätten. Sie war einfach nur im gegenwärtigen Moment präsent und reagierte, um zu helfen. Zu glauben, dass sie die Handelnde gewesen sei, wäre ein großer Fehler gewesen. Sie hatte schon zuvor davon gehört, dass es wahrhaftig die Gnade des Gurus ist, wenn jemand etwas Großes leistet.

Als sie später darüber nachdachte, erkannte sie, dass der wahre Held der Geschichte der Lutscher war, weil er die Arglosigkeit eines Kindes symbolisiert. Die Tatsache, dass sie den Lolli nie losließ, hatte tatsächlich eine Bedeutung. In diesem Zustand der Unschuld und des Zurücklassens des Egos wird die Gnade des Gurus uns und andere immer retten.

Amma erinnert uns daran, dass wir auf dieser Reise nie alleine sind. Gott ist immer bei uns. Das Licht und die Liebe des Höchsten werden uns immer leiten, aber wir sollten Gott erlauben, uns an der Hand zu nehmen. Damit das geschehen kann, brauchen wir Selbsthingabe – dann wird uns mit Sicherheit göttliche Gnade zuteil werden und wir werden schlussendlich wahres Glück und inneren Frieden finden.

Eine Südamerikanerin, die jahrelang als Pilotin gearbeitet hatte, erzählte mir von einem intensiven Traum, den sie von Amma hatte. Sie war mit Boeing 747s geflogen und für gewöhnlich die Co-Pilotin. Eigentlich hatte sie immer geglaubt, dass *sie* die Kontrolle über ihr Leben hatte – bis sie träumte, dass sie im Cockpit saß, sich zum Piloten umdrehte und völlig überrascht feststellte, dass Amma dort saß. Amma lächelte sie an und sagte: „Ich bin es, die das Flugzeug fliegt!" Sie wachte glücklich und erleichtert in dem Wissen darum auf, dass ihr Leben in den sichersten Händen war.

Als wir auf der Nordindien-Tour 2006 Lucknow erreichten, erklärte sich Amma damit einverstanden, nach dem Abendprogramm das Haus eines Devotees zu besuchen. Der Besitzer des

Hauses hatte für seine Arbeit mit Behinderten schon viele Preise gewonnen und schon zahlreiche Bücher darüber geschrieben. Einer seiner Söhne saß seit seinem siebzehnten Lebensjahr im Rollstuhl und litt noch dazu an schweren Atemproblemen. Es tat uns leid, die Schwierigkeiten seines ältesten Sohnes zu sehen.

Dann tauchte der zweite Sohn auf. Er ging mit Hilfe eines Gehwagens einen schmerzvollen Schritt nach dem anderen sehr langsam auf Amma zu. Er litt an derselben mit Lähmungserscheinungen verbundenen Nervenerkrankung, die seinen Bruder im gleichen Alter ereilt hatte. Es war schockierend zu sehen, wie sehr die beiden körperlich litten.

Amma sprach mit ihnen und fragte sie, wann sie morgens aufstünden. Beide sagten, dass sie um 5 Uhr in der Früh aufstehen und um Mitternacht ins Bett gehen würden. Sie gingen beide einer festen Arbeit nach. Einer hatte ein Buchgeschäft, der andere arbeitete in einer Bank. Beide versuchten immer fröhlich und gegenüber der Kundschaft hilfsbereit zu sein. Obwohl sie stark behindert waren, besaßen sie die Disziplin, nur fünf Stunden zu schlafen und genauso hart zu arbeiten wie alle anderen, die gesund und kräftig waren. Wir waren alle tief beeindruckt von ihrer lebensbejahenden Einstellung, auch wenn sie durch diese unglücklichen Umstände körperlich so stark litten.

Bei einer Chai-Pause früher auf der Tour hatte ein Holländer der ganzen Gruppe von einer Erfahrung vom gestrigen Abendprogramm erzählt. Er war einer derjenigen, die die Menschenmenge während des Darshans kontrollierten. Nach den Abend-Bhajans bahnte er sich rasch einen Weg zu den vorderen Bereichen der Darshan-Warteschlangen und versuchte dort, die Massen in den eingezäunten Bereichen zu halten. Während des Darshans war es oft wie im Stadtbus im Berufsverkehrs, der mit schubsenden und drängelnden Menschen überfüllt war. Normalerweise dauert es eine gute Stunde, bis der erste wilde Ansturm gebändigt ist und sich die Situation beruhigt hat.

Plötzlich stand ein grob aussehender Mann vor ihm: „Kann ich schnell zum Darshan gehen?" fragte er. „Haben Sie ein Ticket?" fragte er.

„Nein", sagte der Mann, „Ich bin von der Polizei."

Er trug keine Uniform und der Holländer hatte schon Hunderte von Gründen gehört, warum die Leute einen vorderen Platz in der Darshan-Warteschlange forderten: Kranke Mütter, Herzprobleme, offene Wunden, behinderte Kinder oder einfach nur einen traurigen flehenden Blick auf den Gesichtern.

„Haben Sie irgendetwas, was Sie ausweist?" fragte er den Mann.

„Nein, aber ich habe eine Pistole" sagte er und zeigte auf seine Hüfte.

Ein bisschen eingeschüchtert bewegte der Holländer seine Hand zu den Hüften des Mannes. Da war tatsächlich eine großformatige Pistole. Er begann sehr nervös zu werden und sagte mit fester Stimme: „Nein, mit einer Pistole können Sie nicht zum Darshan gehen" und schob den Mann langsam nach hinten, um ihn von Amma und der Menge fernzuhalten, falls er irgendetwas Verrücktes tun sollte. Er hoffte, dass der Mann ruhig bleiben würde. Er schaute sich nach jemandem um, der ihm in dieser prekären Situation helfen könnte.

„Kann ich Ihnen die Pistole geben und dann zum Darshan gehen?" fragte der Mann sehr höflich .

„Ja, Sie können mir die Pistole geben", sagte der Holländer und rechnete sich aus, dass auf diese Weise wenigstens nichts passieren würde. Fünf Sekunden später hielt er unbeholfen eine riesige Pistole in seiner Hand. Er sagte, dass er noch nie in seinem Leben eine Pistole in der Hand gehalten hatte und nicht so recht wusste, wie man sie hält. Zum Glück sah er endlich einen verantwortlichen Swami und rief ihn zu sich, ihm zu helfen, was eine neue Diskussion mit dem Mann auslöste, bis ihm schlussendlich erlaubt wurde, zum Darshan zu gehen.

In der Zwischenzeit nahmen andere von dem Zwischenfall Notiz und kamen herüber, um sich die Pistole anzuschauen, die er wie James Bond unter seinem Hemd hielt. Einige fingen an Witze zu machen, vor allem weil sie sich darüber wunderten, dass ein Polizist einem Ausländer einfach so seine Waffe überließ. Der Polizist kam mit Tränen in den Augen vom Darshan zurück. Er erzählte, dass er über 150 km auf seinem Motorrad gefahren war, um Amma zu begegnen. Wenn es ihm nicht erlaubt wurde mit der Pistole zum Darshan zu gehen, dann habe er eben ohne gehen müssen. Er war sich des Risikos bewusst, das er eingegangen war. Wenn seine Vorgesetzten davon erfahren würden, dass er seine Waffe weggegeben hatte, würde er seinen Job verlieren.

Zur gleichen Zeit erschien ein Lokalpolitiker, der im ganzen Bundesstaat recht bekannt und ebenfalls ein treuer Devotee von Amma war. Der Polizist war eigentlich damit beauftragt worden, diesen zu schützen. Er begann dem Polizisten ernsthafte Vorhaltungen zu machen. Der Polizist sah überrascht auf, dann lächelte er und lachte schließlich. Er sagte: „Ich gebe mich ganz ins Ma's Hände, also kann gar nichts passieren!" Dagegen konnte niemand etwas sagen.

Amma sagt, dass viele lieber ihrem eigenen Bewusstsein als den Worten des Meisters folgen wollen. Aber unser Bewusstsein wurzelt in Gedanken und diese wurzeln in Maya und Unwissenheit, wo also kommen wir mit all dem hin? Amma sagt: „Vertraue, vertraue einfach in die Existenz des Gurus. Allein das Vertrauen in einen vollendeten Meister wird dir helfen, das Ego und alle egozentrischen Gedanken loszuwerden, was es dir ermöglicht, das Leben in Schönheit zu leben und den Tod liebevoll zu umarmen."

Die Schönheit, die unser Leben durchzieht, manifestiert sich in der Schönheit unseres Todes – doch ist diese Schönheit des Lebens nur dann möglich, wenn wir uns einem wahren Meister hingeben. Die Hingabe an einen wahren Meister ist Hingabe an die ganze Schöpfung.

Kapitel 16

Voranschreitende Spiritualität

In all eurem Tun – strebt nach Erkenntnis
Sprüche 4:7

Manche Menschen haben die Befürchtung, dass ein tieferes Einsteigen in ein spirituelles Leben das Ende ihrer Freiheit bedeuten würde. Aber in Wahrheit ist es nicht das Ende, wenn wir beginnen Hingabe zu entwickeln, sondern ein wunderschöner Beginn.

Als einer der Devotees davon hörte, dass in Kalifornien ein Ashram gebaut werden sollte, verspürte er sofort das starke Bedürfnis dort hinzuziehen, auch wenn er nicht sicher war, ob er spirituell stark genug sein würde, in einem Ashram zu leben. Er schrieb Amma einen Brief: „Ich will Gott erkennen, aber gleichzeitig habe ich das Bedürfnis zu heiraten und eine Familie zu gründen. Soll ich in Ammas neues Zentrum ziehen?"

Amma schrieb zurück:

„Amma kann die Verwirrung ihres Sohnes spüren. Unser ganzes Leben ist ein Kampf gegen unsere Neigungen. Wenn du herausfinden willst, ob du stark genug für das Leben im Ashram bist, dann komm und probiere es aus. Natürlich ist es möglich, ein spirituelles Leben zu führen, wenn man verheiratet ist, aber es gibt mehr Hindernisse auf diesem Weg.

Wenn jemand der festen Überzeugung ist, dass alles nur Gott gehört und es nichts anderes auf der Welt gibt, dann ist es egal, für welchen Pfad man sich entscheidet. Welchen Pfad du auch wählst, zweifle nie daran, dass Amma mit dir geht, deine Hand hält und jeden deiner Schritte leitet."

Er war zutiefst bewegt von Ammas Brief und entschloss sich, nach Kalifornien zu ziehen, um beim Bau des Ashrams zu helfen. Mit den Jahren erkannte er, dass es stimmt, dass Amma ihn immer an der Hand hält und in die richtige Richtung lenkt.

Vor vielen Jahren saß eine Devotee mit Amma auf einem Sandhaufen in Amritapuri. Jemand übersetzte für sie. Aus heiterem Himmel fragte sie spielerisch: „Amma, bitte sag mir, was mein schlimmster Fehler ist."

Amma lächelte ein bisschen, zögerte aber mit der Antwort. Die Devotee bestand aber darauf, dass Amma etwas dazu sagen sollte. Schließlich wagte Amma ruhig zu antworten: „kritisch." Die Devotee brach in schallendes Lachen aus und Amma begann ebenfalls zu lachen. Später wurden sie von einigen anderen, die die Szene aus der Ferne mitbekommen hatten, gefragt, was denn los gewesen sei. Als sie sahen, dass Amma und die Devotee so viel Spaß miteinander hatten, waren sie ein bisschen eifersüchtig geworden. Als sie später darüber nachdachte, was sie wirklich zum Lachen gebracht hatte, erkannte sie, dass es die Tatsache war, dass Amma absolut recht hatte.

Sie erzählte weiter: „Amma brachte es auf den Punkt und es war absolut spannend. Die ganze Zeit über wollte sie, dass ich ihre Schulter massiere und ich erinnere mich, dass sie sich anfühlten wie vielleicht die eines Fußballspielers. Ich strich ihr ein bisschen über die Schulter und zog dann langsam meine Hand zurück, weil es sich für mich ein bisschen komisch anfühlte, da ich normalerweise keinen so saloppen Umgang mit Amma habe. Aber sie zog meine Hand immer wieder zurück auf ihre Schulter (ich denke, sie machte das, um den Schlag, der dann kommen sollte, abzumildern). Dann tat sie etwas unglaublich zärtliches: sie strich mir die Haare aus der Stirn, wie eine Mutter, die ich nie hatte. Es war so unglaublich herzlich und liebevoll."

Dann fragte ich: „Was noch?" und dachte, dass ich mit der Antwort schon zurechtkommen würde. Sie war sehr zögerlich und wollte mich nicht verletzen, aber ich fragte noch einmal: „Was noch?" Ich war extrem stolz, weil ich mit „kritisch" gut umgehen konnte, also wollte ich, dass sie mir noch mehr sagte."

Sie zuckte etwas zusammen und sah mich an, weil sie wusste, dass ich nicht glücklich sein würde über das, was nun käme, aber ich bestand darauf. Schließlich sagte sie: „eifersüchtig."

Darauf war ich nicht gefasst. So sah ich mich wirklich nicht und diesmal lachte ich nicht. Dann sagte sie liebevoll: „Mutter macht nur Spaß!" Sie spürte, dass das zu viel für mich war. Ich hoffte insgeheim, dass sie Unrecht hatte, aber Jahre später erkannte ich, dass sie absolut recht hatte.

Nach der Sache mit der Eifersucht war ich ziemlich geknickt und sagte: „Sag mir irgendetwas Gutes über mich." Heute weiß ich, dass es wirklich töricht war, so etwas zu fragen. Sie sagte: „Nein, das würde dein Ego nur aufbauschen und Schmeichelei ist keine gute Sache."

Am Ende sagte sie so etwas wie: „Sei nicht wie ein Käfer, der die Blätter auffrisst. Sei wie ein Schmetterling, der sanft umherflattert und den Menschen in seiner kurzen Lebensspanne so viel Freude schenkt."

Amma sagt, dass alle göttlichen Eigenschaften in den Handlungen des Gurus sichtbar werden und dass auch wir diese Qualitäten entwickeln können. Man kann den Faden einer Halskette aus Kristallperlen sehr klar sehen. Vergleichsweise ist Gottes

Präsenz in einem Mahatma greifbar manifestiert. Ein Mahatma kann uns unser eigenes Wesen in seinem reinsten Zustand wie in einem klaren Spiegel zeigen.

Eine junge Frau, die erst vor kurzem von ihrem Ehemann verlassen wurde, kam zu Amma. Sie sagte, dass es überhaupt keinen Grund für ihn gegeben hätte, sich von ihr abzuwenden. Während sie weinend in Ammas Schoss lag sagte sie, dass sie keine Fehler gemacht hätte. Amma sagte ihr, dass sie irgendetwas getan haben musste, das ihren Mann unglücklich gemacht hatte, doch die Frau war sich sicher, dass da nichts war. Am Ende sagte Amma, dass sich ein Ehemann die ganze Liebe seiner Frau wünscht und dass sie ihm diese nicht gegeben hatte. Sie war schockiert darüber, musste aber das Gespräch abbrechen, weil ihre Darshan-Zeit vorbei war und sie Platz machen musste für den Nächsten.

Später, als sie lange darüber nachdachte, was Amma gemeint hatte, dämmerte ihr allmählich, was passiert war. Sie erinnerte sich, dass der Mann ihrer Schwester vor ein paar Jahren gestorben war und sie ihr deshalb geholfen hatte, nach deren Kind zu schauen, es zu baden, füttern und zu kleiden. Sie hatte viel Zeit mit dem Kind verbracht und hing sehr an ihm. Auch nach ihrer Hochzeit dachte sie noch immer viel an das Kind und telefonierte oft mit ihm.

Jetzt verstand sie, was Amma wirklich gemeint hatte, als sie sagte, dass sie ihrem Mann nicht ihre ganze Liebe gegeben hatte. Sie hatte die Liebe, Zeit und Aufmerksamkeit, die sie dem Kind, ohne es zu merken geschenkt hatte, völlig vergessen. Plötzlich fiel es ihr wie Schuppen von den Augen; durch Ammas Gnade wurde ihr der Grund, warum ihr Mann sie verlassen hatte, klar. Amma weiß um unsere Mängel und wie sie sich in der Beziehung zu anderen zeigen. Amma ist wahrhaftig die Allwissende.

Im Frühling nach dem Tsunami lud Amma einige Tausend Kinder zu einem Vier-Tages-Camp in den Ashram ein. Ein

Bewohner des Ashrams hatte an diesem Morgen gesagt, dass er es gerade mal schaffen würde, sich um seine eigenen beiden Kinder zu kümmern und dass er sich nicht vorstellen könnte, mehr zu haben. Am Abend desselben Tages aber war er persönlich verantwortlich für 100 Kinder. Die Brahmacharis, die in den Ashram gekommen waren um das Familienleben zu vermeiden bekamen ebenfalls 100 Kinder zugeteilt. Einigen Dingen im Leben – bestimmtem Prarabdha – können wir nicht entkommen, ganz egal wohin wir auch gehen.

Während des Camps waren wir alle belagert von einer riesigen Anzahl von Kindern, die wild auf dem Ashramgelände herum rasten. Sie zerbrachen Blumentöpfe und sperrten Leute in ihren Räumen ein. Sie bastelten Papierflieger und ließen sie anschließend von den Balkonen der Wohnungen herunter segeln. Nachts veranstalteten sie in ihren Zimmern Kissenschlachten, rissen die Kissen auf und verteilten die Füllungen überall. Sie waren wie ein zweiter Tsunami.

Sie klatschten, wenn Amma zu den Bhajans herauskam und wenn sie wieder ging und nach jedem einzelnen Bhajan, wie oft man ihnen auch gesagt hatte, dass sie das lassen sollten. Ihr lautes Klatschen hallte wie Donner wieder und übertönte die Musik. Alle paar Minuten standen die Kinder in großen Gruppen auf, um zur Toilette zu gehen, wobei sie diejenigen störten, die versuchten sich zu konzentrieren. Sie verursachten alle erdenklichen Arten von Chaos. Auch wenn es für die meisten von uns hart war, sich mit dem Chaos zu arrangieren, wollte Amma, dass die Kinder, die so viel Schwieriges mitgemacht hatten, eine unbeschwerte und ausgelassene Zeit im Ashram verbrachten. Sie wollte, dass sie über das Trauma, das sie erlebt hatten, hinwegkamen und ein Gefühl der Nähe zu Amma und dem Ashram entwickelten, weswegen sie nicht sonderlich streng mit ihnen war.

Wenn es auch den Anschein hatte, dass die Beaufsichtigung der Kinder unmöglich sei, standen sie doch die ganze Zeit über unter Ammas Schutz. Sie ordnete an, dass die Kinder Schwimmunterricht bekommen sollten, um sie mit ihrer Furcht vor dem Wasser zu konfrontieren. Während dieser Tage hatte eine der Frauen, welche die Kinder unterrichtete, das dringende Bedürfnis, frühzeitig zum Schwimmbecken zu gehen. Als sie die Türen zum Schwimmbereich aufschloss, sah sie einen kleinen Jungen mit dem Kopf nach unten auf dem Wasser treiben. Sie sprang sofort ins Wasser und zog ihn heraus. Die kräftige Frau, die normalerweise schon genug Schwierigkeiten damit hatte, ihren eigenen Körper aus dem Wasser zu bekommen, konnte sich selbst und den Jungen aber zum Glück leicht und flink aus dem Wasser ziehen. Sie begann sofort mit der künstlichen Beatmung, bevor das Kind dann ins Krankenhaus gebracht wurde.

Er erholte sich erstaunlich schnell. Es stellte sich heraus, dass der kleine Schlingel über die Mauern des abgeschlossenen Geländes geklettert und dann ins Wasser gesprungen war, und das, obwohl er nicht schwimmen konnte. Glücklicherweise kam die Frau gerade noch rechtzeitig.

Später sagte sie, dass es eigentlich keinen Anlass für sie gegeben hätte, an diesem Morgen so früh zum Pool zu gehen, aber irgendetwas zog sie von ihrem Platz weg und ließ sie dorthin eilen. Sie hatte das deutliche Gefühl, dass es Ammas göttliches Einschreiten war, das sie gerade noch zur rechten Zeit dort ankommen ließ, um den Jungen zu retten.

In diesen vier Tagen des Camps gab Amma den Kindern die Möglichkeit, mit ihr in Form von einer Frage-und Antwort-Runde zu sprechen. Eines der Kinder sagte zu ihr: „Amma, bitte verzeih uns, wir waren so ungezogen. Wird Amma uns segnen, auch wenn wir hier so viele schlimme Sachen angestellt haben?" Amma antwortete entzückt: „Natürlich habt ihr Amma Segen.

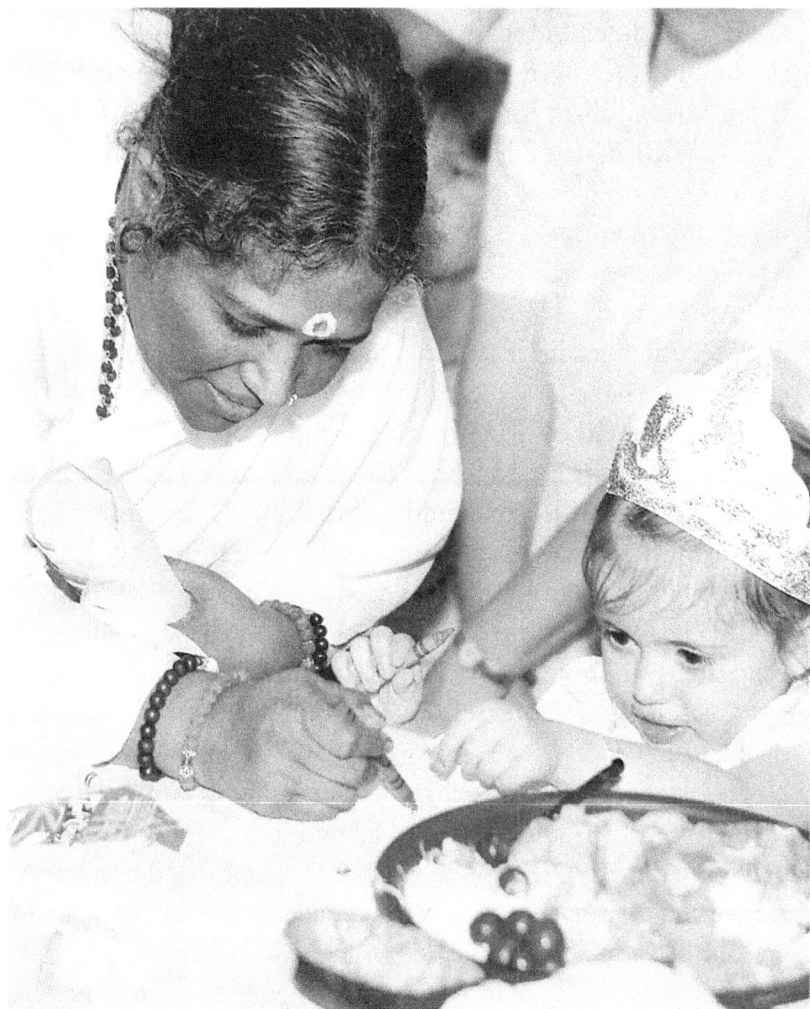

Es ist auch nicht wahr, dass ihr so schlimm wart. Amma war viel ungezogener, als sie ein Kind war." Amma verstand die verschiedenen Bewusstseinsebenen zutiefst, auf denen sie die Kinder ansprechen musste. Sie hätten sich im Stich gelassen fühlen können, nachdem sie alles verloren hatten, stattdessen gewannen sie durch Ammas vergebende Liebe so viel dazu. Auf einer sehr tiefen Ebene führte Amma diese Kinder weg von dem Trauma, das sie erlebt hatten. Sie versuchte ein starkes und bleibendes Fundament der Liebe und Unterstützung seitens des Ashrams in den Kindern zu schaffen, das sie sicher durch ihre Reise durch das Leben leiten würde.

Als wir am Ende eines Programms in Südindien Anfang 2007 Trichy verließen, fielen Amma einige Hütten auf, die entlang einer Straße nahe der Autobahn angesiedelt waren. Sie erwähnte, dass es sie sehr traurig stimmte, wenn sie Menschen in diesen strohgedeckten Häusern leben sah. Es erinnert sie immer an die Schwierigkeiten, die sie überall wahrnahm, als sie heranwuchs. Wann immer sie Menschen unter solchen Bedingungen leben sieht, träumt sie davon, dass alle Menschen in Indien wenigstens eine kleine Zwei-Zimmer-Wohnung zum Leben haben sollten und wenigstens eine gute Mahlzeit am Tag, um ihre Bäuche zu füllen.

Auch wenn sie unter schwierigen Bedingungen leben, haben die Leute in den kleinen Dörfern die Angewohnheit, jedem, der in Not zu ihnen kommt, zu geben, was sie können. Normalerweise können sie nichts anderes außer Essen bieten, sodass Gäste gut bewirtet werden. Die Dorfbewohner denken nicht daran, etwas für sich selbst für den nächsten Tag aufzuheben und leben für gewöhnlich von der Hand in den Mund. Aber wenn sie auch noch so wenig haben, geben sie, was sie können, um anderen zu helfen. Amma sagt, dass noch nie jemand in einem Dorf verhungert wäre; irgendwie schauen die Dorfbewohner doch immer nacheinander.

Amma erklärte, dass die Menschen in den Dörfern, auch wenn sie arm sein mögen und wenig besitzen, sehr stolz sind auf das, was sie haben. Die Metalltöpfe in der Küche sind so sauber geputzt, dass man sich darin spiegeln kann. Ammas Mutter war sehr streng mit Amma, als sie ihr das Kochen beibrachte. Nicht ein Krümel der Asche von der Feuerstelle durfte in das Essen fallen, sonst wurde sie wegen Unachtsamkeit gescholten.

Ammas Mutter hatte die Angewohnheit Gäste einzuladen und ihnen das Beste anzubieten, was sie zu Hause hatte, was auch bedeuten konnte, dass der Rest der Familie hungern musste. Diese Großzügigkeit war für sie ganz selbstverständlich und in früheren Zeiten in den Dörfern nichts, was man hätte lernen müssen.

Auch heute noch bringen arme Menschen, die zum Darshan gehen, einen Schal oder einen Dhoti mit, egal wie bettelarm einige von ihnen sein mögen; sie geben, weil es ihr Wunsch ist, durch das Geben ihre Herzen zu öffnen. Es gibt Menschen, die von zwei Kleidersets, die sie erhalten haben, eines Amma geben möchten, egal wie wenig sie besitzen.

Da Amma in einem Dorf aufgewachsen ist, teilt sie die Anschauungen der Dorfbewohner, die stets zu geben bereit sind und die nichts für morgen aufbewahren. Deswegen wollte Amma nach dem Tsunami alles geben was sie hatte, nichts sollte für die Zukunft aufbewahrt werden. Sie versprach 23 Millionen Dollar, mehr als sie hatte, weil sie zuversichtlich war, dass sie ihre Kinder dazu inspirieren könnte, hart zu arbeiten, um aufzubringen was nötig war, um das Defizit auszugleichen.

2007 wurde Amma zu einem Treffen des Ministerpräsidenten und anderen hohen Regierungsbeamten von Maharashtra eingeladen, um ihnen Rat zu erteilen, wie die steigende Zahl von Suiziden im Land reduziert werden könnte. Die Regierung erkannte, dass zusätzlich zu dem, was sie bieten konnte, spiritueller Rat nötig war, weswegen sie sich an Amma wandten. Sie hatten Amma nicht um finanzielle Unterstützung gebeten, aber ihr Mitgefühl für die Leidenden wurde so groß, dass sie spontan Hilfe im Wert von über 45Millionen Dollar anbot. Sie organisierte Beratungen für die Menschen in Indien und Unterstützung für die betroffenen Gebiete. Angesichts der Not kann sie nicht anders, als versuchen zu helfen.

Amma ist tief betrübt darüber, dass die unschuldige Haltung der Menschen aus den Dörfern heute zu verschwinden droht. Ihre Haltung unterscheidet sich in großem Maße von derjenigen der Wohlhabenden. Die Dorfbewohner verteilen alles, wenn die Not groß ist, im Gegensatz zu den Reichen, die oft das Gefühl haben, nie genug besitzen zu können und bis an ihr Lebensende immer mehr anhäufen. Egal wie wohlhabend Menschen werden – sie haben dennoch einen unauslöschbaren Hunger nach immer noch mehr. Sie werden nie zufrieden sein, immer an morgen denken und daran, wie viel sie für sich dazu gewinnen können.

Die Flammen eines Feuers können schnell eingedämmt werden, die Flamme endloser Wünsche jedoch kann nie gelöscht werden. Das Verlangen nach etwas, das uns nie glücklich machen wird, ist ein äußerst tragischer Verlust unserer kostbaren Lebensenergie.

In Japan vertraute mir einmal eine Frau an, dass sie in ihrem Leben keinerlei Zufriedenheit mehr finde und es nur noch mit endlosem Stress gefüllt sei. Als ich ihr riet, ein Ziel im Leben zu finden, war sie sehr überrascht, da sie darüber noch nie nachgedacht hatte. Wenn wir kein Ziel im Leben haben, kann es sein, dass wir am Ende ein sehr leeres Leben führen. Im Kreislauf von *Samsara* schwingt unser Gemüt einem Pendel gleich immer von Leid zu Freude. Amma versichert uns, dass es garantiert auch immer wieder in die andere Richtung ausschlagen wird.

Amma beharrt darauf, dass wir unseren Geist unter Kontrolle bringen müssen, um Frieden zu finden, und dafür brauchen wir Gnade. Um diese Gnade zu erlangen, müssen wir Gutes tun. Alle suchen im Leben nach ein bisschen Freude und innerem Frieden, um sich daran festhalten zu können. Wir schauen allerdings nur selten am richtigen Ort nach, oder wenn wir den richtigen Ort gefunden haben, haben wir manchmal nicht die richtige Einstellung.

Vor vielen Jahren, als mein Vater noch lebte, entschied er sich, mich im indischen Ashram besuchen zu kommen. Er war in seinen 70ern und wollte offensichtlich noch etwas erleben. Ich hatte den Eindruck, dass er vielleicht das Gefühl hatte, etwas verpasst zu haben, da er sich dem Ende seines Lebens näherte. Er wusste, dass ich etwas sehr besonderes im Leben gefunden hatte und wollte dies auch erleben. Also entschied er sich, alles zu tun, was ich in meinem Leben getan und was mich zu Amma gebracht hatte.

Ein paar Jahre bevor ich zu Amma kam, war ich alleine durch Asien gereist. Er entschied sich also, das Gleiche zu tun. Er reiste zu exakt denselben Plätzen, an denen auch ich war, ebenfalls alleine, aber er machte, vielleicht aufgrund seines Alters, nicht die gleichen lebensverändernden Erfahrungen.

Als er Indien erreichte, kam er in den Ashram, um Amma kennenzulernen. Er streckte ihr seine Hand entgegen – wahrscheinlich war er der erste Mensch auf der Welt, der ihr die Hand schüttelte. Ich muss zugeben, dass mir das damals sehr peinlich war, aber wenn ich heute zurückschaue, weiß ich seine Unschuld zu schätzen, da er nichts darüber wusste, wie man sich verbeugt oder eine Heilige begrüßt.

Nach dem Händeschütteln schnappte ihn Amma rasch und umarmte ihn zur Begrüßung, in ihrer gewohnten liebevollen Weise (ich glaube, jetzt war er es, der ein bisschen verlegen war).

Als nächstes schüttelte er auch noch die Hand von Ammas Mutter, die dabei wie ein kleines Mädchen kicherte. Es war eine ziemlich heitere Szene; mein Vater mit Amma in Indien, auf dem Kopf seinen australischen Farmerhut, den er nie absetzte.

Mein Vater blieb für zwei Wochen im Ashram, konnte aber den tiefen Sinn, den ich im Leben mit Amma gefunden hatte, nie wirklich verstehen. Er sagte, er sei zu alt, um sich zu verändern. Aber zu sehen, dass ich zufrieden war und etwas gefunden hatte, was meinem Leben eine wirkliche Bedeutung gab, machte ihn sehr glücklich. Aus seiner Erfahrung lernte ich, dass wir Schritt für Schritt dieselben Dinge tun können wie ein anderer, und doch nie völligen inneren Frieden finden werden, solange sich unsere Herzen nicht öffnen und das Ego langsam verschwindet.

Im Herbst 2006 verbrachten wir auf dem Rückweg von den USA eine Nacht in Ammas deutschem Ashram. Amma rief die Gruppe herein, die draußen in der Kälte stand, um einen Blick von ihr zu erhaschen. Es lag Schnee und ich stand an der Tür und ließ alle hinein, bis zum Letzten, einem Hund. Ich sagte zu ihm: „Sorry, du nicht!" Aber Amma bestand darauf, dass auch er herein kommen sollte. Ich machte mir wegen seiner matschigen Pfoten Sorgen um den Teppichboden, aber Amma war das egal.

Sie fragte nach seinem Namen. Er hieß Lucky. Sie rief ihn ein paar Mal bei seinem Namen und erkundigte sich nach ihm, da sie spürte, dass es ihm nicht gut ginge. Sie sagte, dass Hunde ausschließlich bedingungslos lieben können, egal was wir ihnen antun. Wir sitzen da und reden und lachen, während sie daneben sitzen und uns bewachen. Sie haben die Essenz von Spiritualität – bedingungslose Liebe – mehr verinnerlicht als die Menschen.

Die Menschen fragen sich, woher sie denn wüssten, dass sie spirituelle Fortschritte machten. Amma sagt, wenn wir größere Geduld und mehr Mitgefühl entwickeln; wenn wir weniger ärgerlich auf andere werden und unser Selbst weit umfassender wird – dann sind das Zeichen spirituellen Wachstums. Wenn wir es schaffen, unabhängig von äußeren Umständen, einen ausgeglichenen Gemütszustand beizubehalten, zeigt uns das ebenfalls, dass wir auf dem Weg voranschreiten. Dies sind die Eigenschaften, die wir erlangen müssen und auf deren Förderung wir uns konzentrieren sollten, anstatt auf andere Erfahrungen, die wir bei unserem *Sadhana* machen.

Spirituelles Leben ist dazu gedacht, vor allem unsere Gedanken zu reinigen. Wir meinen, dass Verschmutzung nur in der Umwelt existiert, aber die größte Verschmutzung ist in uns selbst. Die äußere Welt ist lediglich ein Spiegel unserer inneren Welt. Die Negativität, die wir über unsere Gedanken, Worte und Taten ausdrücken, ist stärker als jede Art von Umweltverschmutzung. In Wirklichkeit sind sie die unheilvollsten und fatalsten Gifte. Um den Herausforderungen des modernen Lebens gegenübertreten zu können, müssen wir die innere reinigende und klärende Kraft der Spiritualität wieder entdecken.

Kapitel 17

Licht in der Dunkelheit

*Jemand hat eine Kerze angezündet in dieser
dunklen Welt – folge diesem Licht, anstatt
dich über die Dunkelheit zu beklagen.*

T Ramakrishanan

Amma sagt, dass wir versuchen sollten, uns nach innen zu wenden und durch die Oberfläche unserer Erfahrungen zu dringen, um die Ursachen von Kummer und Sorgen zu verstehen, die in unserem Leben auftauchen. Kummer enthüllt die wahre Natur der Welt. Wir sollten versuchen zu verstehen, dass niemand jemand anderen mehr lieben kann als sich selbst. Niemand wird uns für immer unterstützen. Wenn wir begreifen, dass Gott unsere einzige Zuflucht ist, wird uns dies helfen, weniger abhängig von der Welt zu sein. Wir können andere lieben, aber wenn wir zu sehr an jemandem hängen, wird das immer ein Grund für Schmerzen sein.

Gott hat uns die Freiheit gegeben, zu lachen oder zu weinen. Selbst wenn wir völlig von Dunkelheit umgeben sind, sollten wir versuchen, das Licht in uns hell leuchten zu lassen. Die Menschen reagieren auf Tragödien auf völlig unterschiedliche Weise. Einige benutzen tragische Ereignisse dazu, ihre Lebensweise zu ändern. Teilweise werden sie fast gezwungen, ihre schlechten Gewohnheiten abzulegen und ein rechtschaffeneres und mehr am Dienen orientiertes Leben zu führen. Es gibt andere, die ein schwieriges Erlebnis immer wieder als Entschuldigung für ihre Misserfolge heranziehen, und es somit benutzen, um vor dem Leben zu fliehen.

In Wahrheit ist jedes Problem wie ein kleiner Same, der die Möglichkeit in sich birgt, zu sprießen und zu etwas Wunderschönem heranzuwachsen. Wir sollten lernen, widrige Situationen im Leben zu nutzen, um daran zu wachsen.

Als Thomas Edison 67 Jahre alt war, verlor er sein gesamtes Lebenswerk beim Brand seiner Fabrik, die nicht großartig versichert war. Er beobachtete, wie seine lebenslange Arbeit in Flammen aufging. Dennoch versuchte er weiterhin, die heitere Seite der Dinge zu betrachten und merkte an, dass all seine Fehler ebenfalls komplett vernichtet waren. Er sagte: „Gott sei Dank, jetzt können wir neu beginnen." Drei Wochen nach dem Desaster war er immer noch enthusiastisch und inspiriert genug, um seine Arbeit wieder aufzunehmen. Es war um diese Zeit, dass er das Grammophon erfand.

2002 befahlen die Stammesältesten eines kleinen Dorfes in Pakistan die Massenvergewaltigung einer jungen Muslimin. Die Vergewaltigung war dazu gedacht, die Familienehre wiederherzustellen, nachdem ihr jüngerer Bruder beschuldigt worden war, mit einem Mädchen eines rivalisierenden Stammes zusammen zu sein. In ihrem Land bleiben die meisten Verbrechen gegenüber Frauen ungeahndet. Sie aber brach das Schweigen und erhob nicht nur Anklage, sondern brachte ihren Fall bis vor das höchste Gericht des Landes. Als die Angreifer für schuldig befunden wurden, sorgte das im ganzen Land für Aufruhr. Sie benutzte die Ausgleichszahlung, die sie von der Regierung bekam dafür, Schulen in ihrem Dorf zu bauen.

Für Frauen in ganz Pakistan ist sie heute ein Symbol der Hoffnung für die Rechte der Frauen. Diese schüchterne ungebildete Frau hätte sich von diesem grausamen Spiel des Schicksals zerstören lassen können. Sattdessen nutzte sie ihr Unglück, um zu versuchen, die starren Traditionen ihrer Kultur zu durchbrechen, indem sie anderen Frauen half. Es bedurfte unvorstellbarer Kraft und sie brauchte ihren ganzen Mut, um ihre Stimme zu erheben. Sie wurde mit dem „Woman of the Year Award" der Zeitschrift „Glamour" ausgezeichnet, von dem sie nicht einmal wusste, dass er existierte und benutzte das Preisgeld in Höhe von 20.000 Dollar, um pakistanischen Erdbebenopfern und Frauen zu helfen, die durch ähnliche Erfahrungen wie sie selbst gegangen waren. Sie stellte sich ihrer Angst und verwandelte sie in etwas, das für viele andere zur Rettung werden konnte.

Als Amma einmal gefragt wurde, warum sie sagt, dass Kummer der größte Lehrer sei, antwortete sie:

„Ich betrachte Kummer als das Licht in der Dunkelheit. Millionen von Menschen in der Welt sind deprimiert, weil sie mit Kummer nicht umgehen können. Aber wenn man den Kummer oder die Trauer einer höheren Realität oder Gott übergibt, dann werden sie in die reine Energie der Liebe verwandelt. Es wird kein Leben ohne eine bestimmte Menge an Leid geben, aber der wirkliche Sinn von Spiritualität besteht darin zu lernen, mit Leichtigkeit und einer positiven Einstellung damit umzugehen. Um unseren Geist unter Kontrolle zu haben, benötigen wir Gnade, und um Gnade zu erlangen, müssen wir Gutes tun."

Wir sind hier auf der Erde, um spirituell zu lernen und zu wachsen. Jede Situation im Leben kann uns etwas Wichtiges lehren. Alles was wir erleben, ist ein Resultat unseres *Karmas*. Wenn sich kleine Schwierigkeiten in unserem Leben ereignen, dann müssen wir sie irgendwie durchstehen und versuchen, uns da durchzuarbeiten. Wenn wir es auch nur schaffen zu *versuchen*, eine Haltung des Annehmens und der Hingabe zu entwickeln, dann werden wir irgendwie die Gnade erhalten, jede Art von Hindernis zu bewältigen.

Während eines Programms in Kerala gab es einmal viele traurige Devotees, weil einer der Brahmacharis es ablehnte, weitere Darshan-Tickets zu verteilen. Es war schon nach Mitternacht und er dachte, dass sich Amma etwas ausruhen sollte, nachdem sie so viele Stunden Darshan gegeben hatte. Er hatte den Eindruck, dass Amma nicht so weitermachen und endlos Leute empfangen sollte, besonders wenn diese erst so spät angekommen waren.

Amma empfand genau das Gegenteil. Sie wusste, wie traurig diese Leute sein würden, wenn sie ihren Darshan nicht bekommen würden. Sie wusste auch, dass dieser Brahmachari die Lasten des schlechten Karmas auf sich nehmen müsste, der Trauer und Verzweiflung wegen, die er bei den Devotees durch sein Handeln auslöste. Um dieses Karma abzuschwächen, beauftragte sie ihn damit, 100 Paar Schuhe der Devotees zu putzen. Er schaffte es, ungefähr 15 Paar aufzutreiben und putze sie mit Hingabe. Am nächsten Morgen sammelte und putzte er den Rest. Einige Leute dachten, es sei beschämend für jemanden in seiner Position, Schuhe zu putzen, also gingen sie zu Amma, um ihre Meinung kund zu tun. Amma hatte ein bisschen Mitleid mit ihm und gab ihm die Erlaubnis, damit aufzuhören. Jedenfalls machte sie sehr deutlich, dass es für jede unserer Aktionen eine Reaktion gibt, weswegen wir extrem vorsichtig sein müssen, um die Gefühle anderer nicht zu verletzen. Wenn unsere Handlungen darauf abzielen, andere zu verletzen, dann werden wir in der Zukunft mit den Konsequenzen dafür zu rechnen haben.

Auf der ganzen Welt müssen unzählige Menschen viel erleiden. Manche haben Krebs, andere haben ihre Familien verloren und Millionen leiden an psychischen Problemen. Wir sollten

dankbar dafür sein, dass wir im Vergleich zu anderen relativ wenig leiden müssen. Darum wissend sollten wir dankbar sein für alles, was wir haben und versuchen, anderen zu helfen, wann immer wir können.

In ihren frühen Jahren hat Amma schweres Leid um sich herum erlebt und konnte die Qualen der anderen zutiefst mitempfinden. Durch diese Erfahrungen erkannte sie das vergängliche Wesen der Welt. Als sie die Welt in diesem Licht betrachtete, wollte sie sich aus ihr zurückziehen. Immer wieder war sie so wütend über die Grausamkeit des Schicksals, dass sie sich selbst biss, manchmal sogar, bis sie blutete. Sie fühlte so unerträgliche Qualen über solch sinnloses Leiden, dass sie sich selbst die Haare ausriss. Als einen Akt des Martyriums wollte sie sich sogar ins Feuer stürzen und ihre eigene Existenz verbrennen, um die Schmerzen im Leben irgendwie zu beenden.

Sie schrie in die Natur hinaus: „Ich will dies alles nicht sehen!" Manchmal sprach sie in einer Sprache, die normale Menschen nicht verstanden. Amma sagt, dass grobe Laute über ihre Lippen kamen, die unverständlich waren und keine Ähnlichkeit mit irgendeiner von Menschen gesprochenen Sprache hatten. Sie entstanden spontan in ihr und sie verwarnte die Natur damit aufs Schärfste. Mit all diesen seelischen Schmerzen, die sie angesichts des Leids anderer empfand, zog sie sich von der Welt zurück und tauchte tief in ihr eigenes Herz ein, das vor Sehnsucht nach Frieden brannte.

Amma hat immer dafür gebetet, dass sie nicht eine Sekunde in ihrem Leben selbstsüchtig sein möge, dass Gott sie strafen solle, sollte sie es je sein. Sie rief nach Gott, er möge ihr die Weitsicht schenken, alles als ihr Selbst zu sehen. Sie sagt, dies sei der Grund dafür, dass sie heute den Unterschied zwischen Männern und Frauen nicht wahrnehmen könne. In dieser göttlichen Einsicht sind für sie alle Eins. Wir mögen vielleicht nicht in der

Lage sein, diesen Zustand zu erreichen, aber wir können damit beginnen, in anderen uns selbst zu sehen, indem wir Mitgefühl für sie entwickeln. Nur jemand, der durch schmerzvolle Erfahrungen gegangen ist, kann den Kummer anderer verstehen. Wenn wir aufmerksam sind, kann jede Erfahrung, schlecht oder gut, eine Lehre für uns beinhalten.

Eines Tages wurde eine Frau, die sich immer sehr hilfsbereit jedem gegenüber zeigte, zu einem kranken Nachbarn gerufen. Während sie weg war, starb eines ihrer Kinder bei einem Unfall im Haus. Auch wenn es ein tragischer Tod war, schaffte es die Frau irgendwie, diesen grausamen Schicksalsschlag anzunehmen.

Zwei Monate später nahm sie ihre beiden kleinen Jungs und die Kinder ihrer Freundin mit zu einem Ausflug an den Strand. Während sie das Mittagessen herrichtete, drehte sie den Kindern kurz den Rücken zu, während einer ihrer Jungs davon spazierte. Sie suchte ihn überall, konnte ihn aber nirgends finden. Auch ein Suchtrupp hatte keinen Erfolg, und erst am nächsten Tag wurde sein kleiner Körper tot aufgefunden.

Die junge Mutter war völlig am Boden zerstört, nachdem sie zwei ihrer Kinder verloren hatte. Sie konnte nicht verstehen, wie Gott sie so bestrafen konnte. Sie schüttete ihr Herz einem Priester aus und fragte ihn, warum sie auf solche Weise bestraft würde. Der Priester versicherte ihr, dass es keine Bestrafung von Gott wäre und dass alles mit einer bestimmten Absicht geschähe, die wir wahrscheinlich nie wirklich verstehen könnten, aber versuchen müssten, zu akzeptieren.

„Aber welche Absicht könnte in so etwas liegen?" fragte sie unter Tränen.

Der Priester dachte für einen Moment nach und fragte dann: „Zu wem gehen alle Leute in unserer Kirche, wenn sie Kummer oder Sorgen haben?"

Sie überlegte kurz und sagte dann: „Sie kommen zu mir."

„Genau", sagte der Priester lächelnd. „Du siehst also, dass es nicht so ist, dass Gott dich bestrafen will, aber wenn du selber so viel Kummer erlebt und überstanden hast, dann wirst du in der Lage sein, andere, die durch ähnliche Tragödien gehen werden, trösten zu können." Diese Antwort half ihr, Frieden zu finden.

Eine Familie kam mit ihrem an Lepra erkrankten Kind zu Amma. Seine kleinen Finger waren von der Krankheit schon zerfressen. Traurig fragten sie Amma, ob sie mit einem gnadenvollen Tod für das Kind rechnen konnten, da sie spürten, dass es keine Hoffnung mehr für den Jungen gab zu überleben oder ein vernünftiges Leben zu führen.

Amma sagte ihnen, dass sie daran nicht einmal denken sollten. Wenn sie jetzt versuchten, der Situation zu entkommen, dann würden sie wiedergeboren werden, um dem gleichen Problem gegenüber zu stehen. Es war einfach ihr Schicksal, zu lernen, Mitgefühl mit dem Kind zu haben und mit diesem Schmerz und dem Leiden konfrontiert zu werden; ebenso wie es das Schicksal des Kindes war zu leiden.

Schwierigkeiten werden uns nicht gegeben, um uns zu zerstören, sondern einfach nur, um das Potential, das in uns ruht, ans Licht zu zwingen. Wenn wir Geduld erlernen, dann werden Glück und Frieden schlussendlich folgen. Leiden kann wirklich helfen, das Gemüt eines Devotees zu läutern. Wir sollten nicht versuchen, Situationen zu entkommen, sondern lernen, ihnen in der richtigen Haltung zu begegnen.

Ich habe eine alte Freundin aus Kindertagen in Australien, mit der ich noch Kontakt habe und von der ich alle paar Jahre einen Brief bekomme. 2005 schrieb sie mir, mit was sie im Leben gerade konfrontiert war. Bei ihr war invasiver Brustkrebs diagnostiziert worden und sie kam eiligst ins Krankenhaus, um die Brust operativ entfernen zu lassen. Anschließend musste sie sich mehrere Monate lang einer Chemotherapie unterziehen. Einige Leute hätten bestimmt viele gute Gründe dafür gefunden, depressiv zu sein und sich zu beklagen, wenn sie mit dieser Situation konfrontiert gewesen wären. Stattdessen schrieb sie mir das Folgende:

„Nun gut, da ich seit einiger Zeit Chemotherapie mache und alle meine Haare ausgefallen sind, trage ich nun eine Perücke. In Wahrheit ist die Perücke 300 % attraktiver als meine echten Haare, weswegen ich ganz scharf darauf bin, sie aufzusetzen. Ich sehe zehn Jahre jünger aus – was nicht normal ist für jemanden, der gerade eine Chemotherapie macht! Praktisch ist auch, dass du deine Haare weder waschen noch föhnen musst wenn du eine Perücke trägst, was 30 Minuten Styling am Tag einspart. Mit Glatze kannst du schneller schwimmen und du sparst hunderte von Dollar ein mit Waschen, Schneiden und Färben...du siehst, es gibt genug vorteilhafte Dinge am kahlköpfig sein.

Allerdings habe ich letzte Woche gelernt, dass man mit einer Perücke auf dem Kopf nicht mit dem Mountainbike herumfahren sollte. Wenn du durch den Busch flitzt, verfängt sich deine Perücke in herunterhängenden Ästen und am Ende preschst du glatzköpfig durchs Gelände! Und dann sieht der Hund die Perücke (und Hunde lieben es nun mal, mit Perücken zu spielen), und du bist den Rest des Tages damit beschäftigt, den Hund zu jagen, der deine Haare geklaut hat!"

Ich war so stolz auf sie, dass sie sich trotz ihres Leidens dazu entschlossen hatte, das Beste aus der Situation zu machen, die sie akzeptiert hatte und dadurch ihren Kummer in Lachen verwandelte.

Kummer hilft uns dabei, uns nach innen zu wenden. Wenn sich jemand, den wir geliebt haben, gegen uns wendet, sollten wir unsere Aufmerksamkeit langsam zurück nach innen richten und erkennen, dass dies das Wesen der Welt ist. Wir erinnern uns in solchen Zeiten einfacher daran, dass Gott unsere einzige Zuflucht ist.

Wenn wir schmerzliche Erfahrungen im Leben machen, dann haben wir die Tendenz dazu, verletzt zu sein oder auf andere wütend zu reagieren. Stattdessen sollten wir unseren Schmerz auf Gott richten. In gleicher Weise wie eine Auster ein schmerzhaftes

Reizmittel benutzt, um eine kostbare Perle zu erzeugen, können auch wir aus einer mit Leid verbundenen Erfahrung etwas Wertvolles erschaffen.

Als der Ehemann einer indischen Devotee völlig unerwartet starb, entschied sie sich dazu, eine Zeit lang zu ihrer Tochter zu verreisen, die in den USA lebte. Kurz nachdem sie dort ankam, stellte sie fest, dass sie sich einer Operation des Grauen Stars unterziehen musste. Sie war sehr aufgeregt darüber, dass die Operation in einem fremden Land stattfinden musste, aber Amma rief sie direkt vor der Operation an und sagte ihr, dass sie sich keine Sorgen machen müsse und dass Amma während der gesamten Prozedur bei ihr sein würde. Während der Operation hatte sie eine Vision von Amma in *Devi-Bhava* in einem wunderschönen grünen Sari. Es erfüllte sie mit großer Sicherheit und Ruhe zu wissen, dass Amma wirklich bei ihr war.

Nach dem Eingriff nahmen ihre Tochter und ihr Schwiegersohn sie mit in deren Appartement. Sie machten es ihr dort gemütlich und gingen dann beide arbeiten, worüber sie nicht glücklich waren, aber es gab keine andere Wahl. Bald nachdem sie gegangen waren, duftete es nach Rosen und Jasmin, und sie musste an Amma denken. Sie drehte sich herum und war erstaunt, Amma in ihrem weißen Sari mitten im Appartement stehen zu sehen, geschmückt mit einer Jasmin-*Mala*. Sie verbrachte den ganzen Nachmittag mit ihr. Sie spazierten zusammen durch die Wohnung und sprachen über die Operation und verschiedene andere Dinge.

Schließlich war es an der Zeit, dass ihre Tochter und ihr Schwiegersohn nach Hause zurückkamen. Sie bat Amma, noch ein bisschen länger zu bleiben, weil sie wusste, wie glücklich die beiden darüber wären, Amma zu sehen, aber Amma sagte, dass sie gehen müsse. Sie fragte sie dann, ob Amma vielleicht ihre Jasmin-Mala dalassen würde, als Beweis dafür, dass sie wirklich hier gewesen war, aber Amma sagte: „Nein, ich muss jetzt gehen." Dann verschwand sie.

Die Frau war außer sich vor Freude, dass Amma gekommen war, um diese Zeit mit ihr zu verbringen. Auch wenn ein Eingriff an ihren Augen durchgeführt worden war, begleitete diese klare Vision von Amma sie durch die Maßnahmen und die Zeit der Erholung danach.

Amma ist das wirkliche Licht in unserer Finsternis, das unsere Wege mit Wahrheit und Liebe erhellt, und uns durch die härtesten Zeiten im Leben hindurch hilft. Wir müssen uns auf unserem Weg immer daran erinnern, einzig und allein ihr unseren Kummer darzubringen, im Wissen darum, dass sie unsere einzige Zuflucht ist.

Kapitel 18

Die Mutter aller

Es gibt eine Ur-Energie in diesem Universum. Ich
betrachte diese Energie als meine Mutter. Und auch
wenn ich hundert Mal wiederkommen würde, wird sie
immer meine Mutter – und ich werde ihr Kind bleiben.

Amma

Bei einer Umfrage in 100 nicht-englischsprachigen Ländern wurde ermittelt, welches das Lieblingswort in Englisch sei. 40.000 Menschen gaben den Fragebogen zurück. Das Wort, welches am meisten genannt wurde, war „Mutter" – das lieblichste Wort von allen.

Eine Frau wird nicht einfach zur Mutter, indem sie ein Kind zur Welt bringt. Selbst ein Mann kann zur Mutter werden, indem er die nährenden Eigenschaften einer Mutter verkörpert. Nur dann, wenn jemand Kindern Kultur und echte Werte vermittelt, wird er zu einer wahren Mutter. Traditionellerweise ist eine Mutter jemand, der nach den Kinder schaut: der sie mit allem Nötigen versorgt, sie auf dem Lebensweg begleitet und ihnen Frieden und Trost schenkt.

Amma sagt, dass ihre Mutterschaft spontan erwacht ist, als Antwort auf die Menschen, die wie unschuldige Kinder zu ihr kamen und wollten, dass sie ihre Probleme lösen möge. Sie nannten sie Mutter und sie betrachtete sie alle als ihre Kinder. Als solche begann sie, die Menschen zu umarmen und sich ihre

Probleme anzuhören. So wie die Süße der Frucht innewohnt, so ist Mütterlichkeit, der Strom des Mitgefühls, Ammas inneres Wesen. Journalisten fragen Amma oft, was sie empfindet, wenn sie die Menschen, die zu ihr kommen, in die Arme schließt. Amma entgegnet: „Es ist keine bloße Umarmung, sondern eine, die spirituelle Prinzipien erweckt. Es ist eine sehr reine Erfahrung. Ich sehe in den Menschen eine Spiegelung meiner selbst. Wenn ich sie anschaue, dann werde ich zu ihnen und fühle ihren Kummer und ihre Freude. Wir begegnen uns auf der Ebene der Liebe."

Heutzutage verletzen so viele Menschen einander und kümmern sich nur um ihr eigenes Wohlergehen, Amma dagegen inspiriert Millionen auf der ganzen Welt, der Menschheit zu helfen, sie zu lieben und ihr zu dienen. Auch nachdem sie alles erreicht hat, ruht sie nicht oder schwelgt in höchster Glückseligkeit. Amma verbringt jede Minute ihres Lebens damit, anderen zu dienen. Jede Handlung einer gottverwirklichten Seele wird zum Segen für die ganze Welt.

So wie Bienen von einer süß duftenden Blume angelockt werden, zieht Amma unentwegt, auf Schritt und Tritt Menschen an. Wenn wir manchmal versuchen, die Leute, die hinter ihr her rennen oder sich zu ihr in den Aufzug quetschen, aufzuhalten, kann es sein, dass sie uns zurechtweist: „Es ist so wertvoll, in der Lage zu sein, jemanden, wenn auch nur für eine Sekunde in seinem Leben, glücklich zu machen. Sollten wir das nicht tun, wenn wir die Möglichkeit dazu haben?"

Ein berühmter indischer Kinostar besuchte Amma eines Nachts, als wir in Mumbai waren. Als er in das Zimmer kam, ging er direkt auf Amma zu und begann, ihre Schultern, Arme und Knie jeweils für ein paar Sekunden lang zu massieren. Ich empfand dieses dreiste, unschickliche Verhalten als ziemliche Beleidigung, Amma hingegen sieht die Dinge für gewöhnlich anders als wir. Als ich sie später auf diese Dreistigkeit ansprach, widersprach Amma. Sie sagte, dass er wirklich etwas von Massage verstehen würde und erkannt hätte, wie müde Amma war. Sie als seine Mutter betrachtend und aus seiner arglosen Liebe heraus strich er ihr ganz spontan über die Schultern und versuchte, ihrem Körper etwas Erleichterung zu verschaffen. Das Herz einer Mutter sieht immer nur das Beste in ihrem Kind.

Ein Devotee begegnete Amma zum ersten Mal im Jahr 1986. Er hatte in seiner Heimatstadt Mumbai das erste Mal von ihr gehört. Als er Kerala bereiste, entschied er sich mit dem Bus zu ihr zu fahren. Sein Sohn reiste mit ihm. Ein Sitznachbar fragte ihn, wohin er unterwegs wäre. Als der Mann erfuhr, dass er auf dem Weg zu Amma war, begann er schlecht über Amma zu reden und behauptete, dass sie eine CIA-Agentin wäre und jede Art von Falschinformation verbreiten würde.

Der neue Devotee begann sich ein bisschen zu ängstigen und dachte, dass ihn vielleicht jemand zum Narren halten wollte, indem er ihn zu Amma geschickt hatte. Der Mann redete weiter auf ihn ein. Er sagte: „Ein Freund von mir lernte Amma kennen, und vom ersten Moment an hat er alles andere verlassen, und jetzt ist er ständig bei ihr!" Als er das hörte, erkannte er, dass wahrscheinlich eher etwas mit dem Mann im Bus nicht in Ordnung war, als mit Amma.

Als er mit seinem Sohn im Ashram ankam, gab Amma gerade Darshan im Kalari. Sie hatten einen wunderschönen Darshan und blieben über Nacht. Am nächsten Morgen rief Amma ihn zu sich und gab ihm und seinem Sohn jeweils eine einzelne *Rudraksha*-Perle. Als sie sich aufmachten, sagte sein Sohn leise zu ihm: „Amma hätte mir noch zwei Perlen für meine Brüder geben sollen." Sein Vater erklärte ihm, dass es nicht anständig wäre, zurückzugehen und nach weiteren Perlen zu verlangen. Plötzlich rief Amma sie zurück und fragte den Jungen: „Wie viele Brüder hast du?" Er antwortete: „Zwei." Er sah, dass Amma schon zwei Rudrakshas in ihrer Hand hatte, die sie ihm dann gab. Als sie sich gerade das zweite Mal aufmachten zu gehen, rief Amma sie noch einmal zurück. Diesmal holte sie ein rundes Medaillon an einer Kette hervor und sagte zu ihm, dass er seinen Brüdern die Rudraksha-Perlen geben, das Medaillon aber erst zeigen sollte, wenn seine Mutter gefragt hätte: „Hat Amma auch etwas für mich mitgegeben?"

Als sie zu Hause ankamen, vergaß er die Sache, bis seine Mutter endlich fragte, ob sie auch etwas für sie hätten. Da erinnerte er sich plötzlich und gab ihr das Medaillon. Auch heute noch, nach über 20 Jahren, trägt sie dieses Medaillon. Die gesamte Familie wurde zu treuen Devotees, deren Leben Amma über die Jahre mit viel Freude angefüllt hat. Sie waren froh, dass sie die falschen Worte des Mannes damals nicht beachtet hatten, die sie vielleicht von den alles umfassenden Armen ihrer Mutter ferngehalten hätten.

Eine Frau aus Kalifornien erzählte uns eine Geschichte über die Zeit, als sie wirklich begann, Ammas Liebe zu begreifen. Ein paar Monate, bevor Amma Kalifornien besuchte, war ihre Großmutter gestorben. Sie zeigte einem Freund ein Foto von ihr und sagte: *„Sie* ist meine Mutter." In Wahrheit hatte ihre Großmutter sie nämlich mit viel mehr Liebe aufgezogen als ihre richtige Mutter. Jedenfalls erklärte sie sehr dramatisch, wie viel sie ihr bedeutet hatte. Es war nicht so, als wäre eine Großmutter gestorben, sondern eine *echte* Mutter.

Einige Monate, nachdem ihre Großmutter gestorben war, ging sie zu Ammas Darshan. Amma sagte ziemlich nachdrücklich zu ihr: *„Ich bin deine Mutter!"* und benutzte die gleiche Intonation, die die Frau benutzt hatte, als sie mit ihrem Freund über ihre Großmutter gesprochen hatte. Es war, als wäre Amma dort gewesen, hätte sie so sprechen hören und wollte die Dinge jetzt klar stellen. Sie war völlig fassungslos über Ammas Enthüllung. Es war überwältigend für sie, um die Kraft von Ammas Liebe für sie zu wissen. Als sie nach dem Darshan auf ihren Platz zurückging, spürte sie, dass ihre Trauer über den Tod ihrer Großmutter völlig verschwunden war. Sie hatte monatelang mit diesem Kummer gelebt und nun das Gefühl, dass Amma diesen total aufgesogen hatte, da er nie wieder zurückgekommen war.

Die Menschenmengen bei Ammas Programmen sind üblicherweise sehr groß. Eine Frau, die Amma zum ersten Mal begegnete, war davon total überwältigt. Sie hasste es einfach, sich in großen Massen aufzuhalten. Als sie schließlich aufstand, um zu Amma zu gehen, fragte sie, ob Amma wirklich ihre spirituelle Meisterin sei. Amma entgegnete ihr, dass sie das zweifellos war und da sie wusste, dass sie große Versammlungen nicht mochte, sagte sie: „Wenn ein Farmer 1000 Kühe hat, so wird er doch merken, wenn eine davon fehlt." Die Frau verstand das Beispiel nicht wirklich, da sie ein Stadtmensch aus New York war und nicht viel Ahnung von Kühen hatte. Amma erklärte ihr noch einmal, dass sie 1000 Augen hätte und zwei davon nur für sie wären. Sie war glücklich und erleichtert darüber, dies zu hören.

Amma hat Millionen von Devotees auf der ganzen Welt. Weil es so viele sind, machen sich einige darüber Gedanken, ob Amma denn noch die Zeit dafür hat, ihnen persönlich Aufmerksamkeit zu schenken. Sie fragen sich, ob ihre Gedanken und Gebete Amma überhaupt erreichen, wenn sie körperlich so weit von ihr entfernt sind.

Amma wurde einmal gefragt: „Amma, ich habe Angst, dass dich so viele Leute anrufen, dass deine Leitung besetzt sein wird, wenn *ich* einmal versuche, dich zu erreichen." Amma versicherte der Person, dass von ihr aus zu allen jederzeit eine freie Leitung besteht, ihre Leitung ist nie besetzt. Ein Handy mag da in seinen Möglichkeiten begrenzt sein, aber Gottes Erreichbarkeit ist

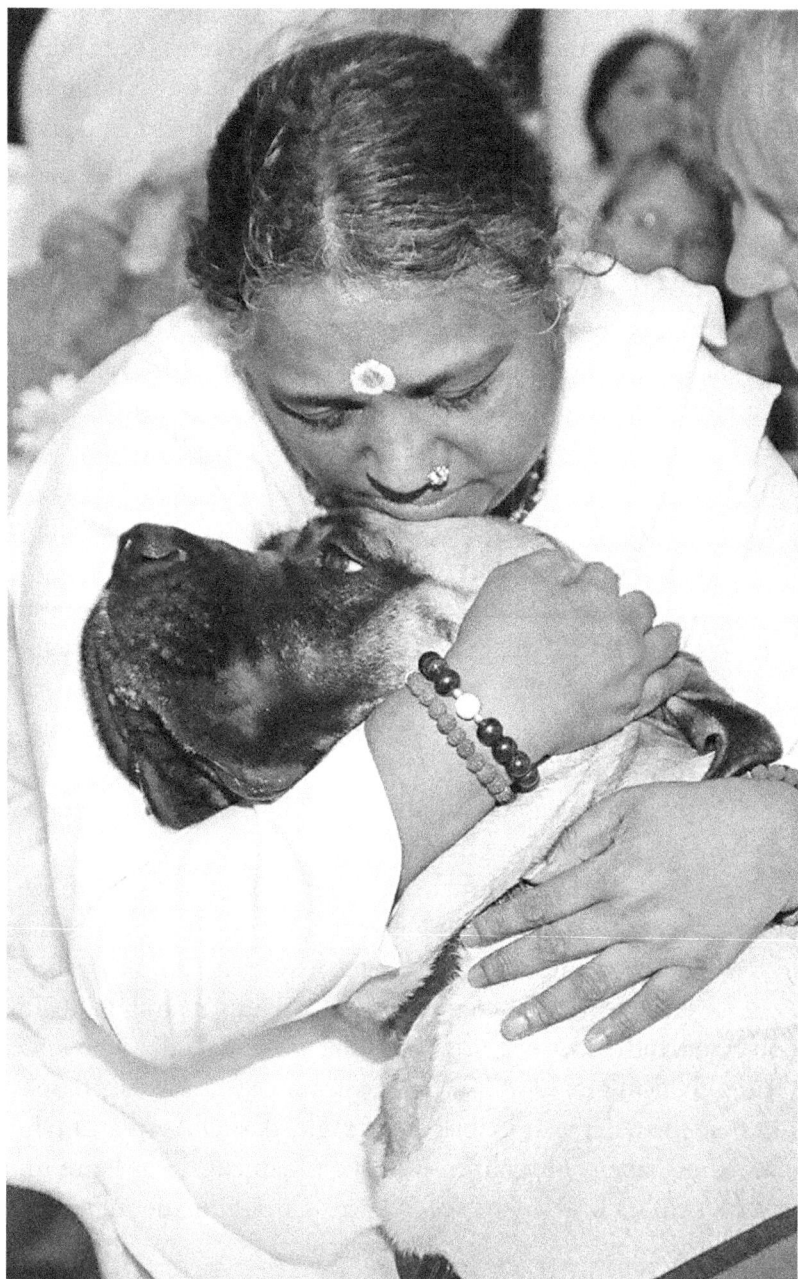

unbegrenzt. Es spielt keine Rolle, wo sich jemand befindet, weil mit Amma eine direkte Herzensbeziehung besteht. Ihre Sprache ist die Liebe; sie befindet sich jenseits von Zeit, Entfernung und allen anderen Hindernissen, von denen wir befürchten, dass sie uns von ihr fern halten könnten.

Am Ende ihres Satsangs, den sie auf einem sehr großen Programm 2007 in Südindien hielt, sagte Amma zu den Devotees, dass sie sehr wohl wisse, dass sich Leute darüber beschweren, dass sie ihr nicht alles sagen können, was sie gerne sagen würden. Sie sieht während des Darshans so viele Menschen, dass diese manchmal nur eine oder zwei Sekunden mit ihr haben. Sie fuhr fort: „Amma ist kein Arzt oder ein Anwalt, dem ihr alles sagen müsstet. Vor Gott müssen Kinder gar nichts sagen. Amma hat ein *Sankalpa* getroffen, sodass sie das Herz jedes ihrer Kinder hören kann.“

Eine Frau aus Seattle erzählte, dass ihr Sohn, als er sechs Jahre alt war, Amma erzählt hatte, dass er Ministerpräsident seines Landes werden wolle. Jahre später, inzwischen war er zwanzig, erinnerte ihn Amma daran, und sie lachten zusammen über die nette Erinnerung.

Amma erinnert sich an alle ihre Kinder, egal wo sie sind, daran sollten wir nie zweifeln.

In den USA kam einmal ein betagter Inder mit langem weißem Bart zum Darshan. Ein Devotee bemerkte ihn, als er seinen Darshan beobachtete. Später saßen sie während des Programms zufällig nebeneinander. Der Devotee sprach ihn an und fragte ihn, ob er aus Indien käme. Er bejahte und sagte, dass dies sein erster Aufenthalt in den USA sei. Er war gekommen, um seinen Sohn zu besuchen, der jetzt hier lebte. Er sagte, dass er Amma 14 Jahre zuvor auf einem Programm in Indien kennengelernt hatte und sie seitdem nicht wiedergesehen hätte. Er erzählte dem Devotee, dass Amma ihm während des Darshans ins Ohr geflüstert hätte: „Mein Sohn, mein Sohn, wo warst du die letzten 14 Jahre?" Während der USA-Tour werden an fünf oder sechs verschiedenen Orten Retreats abgehalten. In der zweiten Nacht der Retreats serviert Amma jedem Teilnehmer das Essen und sitzt dann eine Weile mit den kleinen Kindern zusammen. Die Kinder bilden einen Kreis um Ammas Tisch, und wenn sie an ihr vorbeikommen, füttert sie jeden von ihnen mit einem Stück *Papadam*. Aufgeregt und eifrige Eltern tragen ihre kleineren Kinder zu Amma, damit auch sie etwas von diesem gesegneten Essen bekommen.

Auf dem Retreat in New Mexico 2006 war Amma gerade damit fertig geworden, alle Kinder am Tisch zu füttern und war bereit zu gehen. Eine Frau, die mit ihren drei Kindern da war, hatte ihr sechs Monate altes Baby absichtlich von Amma und dem Papadam zurückgehalten, weil Amma ihm die erste feste Nahrung erst in der Devi-Bhava-Nacht geben sollte. Bei dieser traditionellen Zeremonie nimmt Amma das Baby auf den Schoß und füttert es dann mit Payasam, einem süßen Reisbrei.

Als Amma den Raum verließ, sah sie das Baby auf dem Arm seiner Mutter und ging direkt auf sie zu. Amma hatte ein Stück Papadam in der Hand und fragte sie, ob das Baby schon etwas davon bekommen hätte. Es gab kein Entkommen mehr – Amma war entschlossen, das Baby hier und jetzt mit dem Papadam zu füttern. Die stets fürsorgliche Mutter achtet darauf, dass keines ihrer Kinder zu kurz kommt. Das Baby war so süß, dass es schließlich zwei Mal von Amma gefüttert wurde.

Am Ende eines Programms der Nord-Kerala-Tour 2006 hatte Amma fast 80.000 Menschen empfangen. Auch nachdem der lange Darshan zu Ende war, hatte Amma noch keine Zeit, sich auszuruhen. Devotees hatten sie direkt nach dem Programm zu sich nach Hause eingeladen. Amma war einverstanden und besuchte einige Häuser. Als all ihre Verpflichtungen erfüllt waren, lief Amma zum Fahrzeug. Wir waren erleichtert, dass sie sich nun endlich etwas ausruhen konnte. Zu unser aller Überraschung bat Amma darum, noch zu einem weiteren Haus zu gehen, in dem zwei Kindern wohnten, die sie schon seit langem eingeladen hatten. Sie hatten ihre Mutter verloren und taten Amma leid. Es war nicht leicht für uns, an noch einen Besuch zu denken, nach allem, was Amma schon hinter sich hatte. Auch wenn wir darauf beharrten, dass das keine gute Idee sei und sie anflehten, sich doch etwas auszuruhen, ignorierte Amma unsere Einsprüche.

Verärgert über ihren Widerstand dagegen sich auszuruhen, stellte jemand Nachforschungen über die Wohnung der Kinder an, doch wusste niemand genau, von wem Amma sprach. Amma bestand darauf, dass wir versuchen sollten, sie zu finden – sie wollte wirklich dort hingehen. Sie sagte, dass die Kinder sie an der Hand nahmen, wenn sie mit ihr in ihr Zimmer gingen und sie schon viele Male eingeladen hätten, sie zu besuchen. Sie wollte ihnen diesen Wunsch wirklich erfüllen, weswegen sie darauf bestand, dass wir versuchen müssten, sie zu finden. Leider konnten wir sie nicht finden und Amma erlaubte uns schließlich widerwillig, weiterzufahren.

Zu Beginn einer Auslandsreise, als wir durch Sri Lanka reisten, fuhren wir gerade in einem Auto zu unserer Unterkunft. Der Fahrer hatte das Radio angeschaltet und es lief gerade irgendetwas Modernes. Amma fing ganz zart an, den Takt mitzuklopfen. Ich fand das ziemlich lustig, weil es überhaupt nicht Ammas Musikstil war. Amma merkte, dass ich versuchte, das Lachen zu unterdrücken und fragte mich, was so komisch sei. Ich antwortete, dass ich nie gedacht hätte, dass sie etwas für Disco-Musik übrig hätte. Amma lächelte und erwiderte, dass sie die Devas im *Raga* eines jeden Musikstils erkennen würde. In Ammas Bewusstsein existiert Gott überall.

Beim Programm in München 2006 waren die Halle und die Bühne mit roten herzförmigen Luftballons dekoriert. Am Ende des letzten Programms hatte jemand die Luftballons eingesammelt und wartete zusammen mit anderen draußen vor dem Halleneingang. Als Amma das Programm gegen 9 Uhr am Morgen beendete, lief sie nach draußen, wo ihr jemand diesen wunderschönen Luftballon-Strauß in die Hand gab. Sie nahm ihn und ließ einen Ballon nach dem anderen langsam in die Luft steigen. Es schien, als würde sie jeden einzelnen Ballon auf seinem Weg segnen.

Die Luftballons stiegen sanft nach oben und trieben davon. Wir sahen ihnen noch lange staunend nach, wie sie da gemächlich, im Wind tänzelnd, in die Welt hinaus schwebten. Es schien so symbolbehaftet zu sein. Ich schaute immer wieder zurück, wie die Luftballons immer kleiner wurden, während wir mit Amma davonfuhren und fragte mich, wo sie alle landen würden – ohne Ahnung, wie weit die Reise gehen würde, aber im Wissen darum, dass Ammas Liebe mit jedem einzelnen von ihnen flog.

Nachdem ich die ganze Nacht wach gewesen war, konnte mein Gehirn die tiefe symbolische Bedeutung der Ballons nicht mehr entschlüsseln. Doch später, nachdem ich ein bisschen geschlafen hatte und mir die Erinnerungen der Veranstaltung ins Gedächtnis rief, erkannte ich, dass wir alle wie diese herzförmigen heliumgefüllten Ballons waren. Amma bringt uns für eine kurze Zeit lang alle zusammen, umarmt uns, hält uns in ihrer Liebe und den besten Wünschen fest – und lässt uns dann wieder zurück in die Welt, nur das Beste für uns wollend und im Gebet dafür, dass wir unser wahres Zuhause sicher erreichen mögen.

Ein unabhängiger junger Israeli kam auf seiner Reise um die Welt zu Besuch in den Ashram. Er versuchte zu entdecken, worum es im Leben ging. Er dachte, dass Amma ganz nett sei und ging weiter seines Weges. Er reiste durch ganz Indien und besichtigte viele Orte. Schließlich tauchte er nach vielen Monaten wieder im Ashram auf. Er hatte beschlossen, Amma zu fragen, was er mit seinem Leben machen sollte, weil er, nachdem er alles gesehen hatte, wusste, dass nur sie die richtige Antwort darauf hätte.

Unzählige Menschen stolpern einfach so durch ihr Leben. Von Schmerzen und Kummer überwältigt fügen sie auch anderen Schmerzen zu, weil sie nicht begreifen, worum es im Leben geht. Ich werde ewig dafür dankbar sein, dass Amma uns das wahre Wesen des Lebens nähergebracht und uns die Freude gezeigt hat, die wir im Versuch finden können, anderen zu dienen. Wir sollten diesen unglaublich großen Segen immer im Gedächtnis behalten und versuchen, uns dessen würdig zu zeigen. All die Liebe und Gnade, die unser Leben erfüllt hat, sollte auch in das Leben anderer fließen.

Ammas vollkommene Unermüdlichkeit hört nie auf, mich in Staunen zu versetzen. Ohne Zweifel hat diese Welt die Eigenschaften von Bescheidenheit und Mitgefühl, verbunden mit einer überwältigenden Liebe dazu, der Menschheit zu dienen, noch nie zuvor so erlebt wie in dem lebenden Beispiel, das Amma gibt. Von sechs Milliarden Menschen auf der Erde haben wir die Gnade, zu Amma gefunden zu haben – gerade mal eine Handvoll aus der gesamten Schöpfung. Wie gesegnet wir sind. Amma schenkt uns ihr gesamtes Leben, um zu versuchen, uns etwas unglaublich Wichtiges zu lehren. Wir dürfen nicht zulassen, dass ihr Leben umsonst gewesen war. Es ist unsere Pflicht, zu versuchen, etwa Gutes von ihr zu verinnerlichen.

Als wir 2005 in Spanien waren, kam, gerade als wir mit den Bhajans beginnen wollten, ein siebenjähriges Mädchen auf die Bühne. Amma hatte gerade den Kopf umgedreht und diskutierte etwas mit dem Swami, der Harmonium spielte. Das kleine Mädchen wollte Amma nicht stören und warf, nachdem sie ungefähr 15 Sekunden gewartet hatte, den Brief, den sie in der Hand hielt, schüchtern in Ammas Schoß. Dann rannte sie schnell von der Bühne.

Amma hob den Brief auf und öffnete ihn. Er war in Spanisch und von Kinderhand geschrieben. Amma wollte wissen, was darin stand, also warfen einige von uns einen Blick darauf, aber wir konnten die Worte nicht verstehen. Als Amma darauf bestand, zu wissen, was darin geschrieben stand, rief ich schließlich jemanden zum Übersetzen her. In dem Brief stand geschrieben: „Liebe Amma, ich liebe dich so sehr. Ich danke dir dafür, dass du das Beste bist, was es in meinem ganzen Leben gibt."

Amma lächelte und küsste den Brief. Sie legte ihn für den Rest des Programms neben sich. Ich schaute die folgende Stunde immer wieder voller Staunen auf den Brief und dachte, dass das kleine Mädchen wirklich genau das ausdrückte, was die meisten von Ammas Devotees fühlen. Sie hatte in ihrem kurzen Leben tatsächlich an eine unfassbare Wahrheit gerührt. Ich glaube, dass die meisten von uns gerne einen solchen Brief an Amma schreiben würden, der alles in diesen wenigen kurzen Worten so exakt ausdrückt.

„Liebe Amma, ich liebe dich so sehr. Danke, dass du das Beste bist, was es in meinem ganzen Leben gibt."

Glossar

Achan: „Vater" in Malayalam, der Landessprache Keralas.

AIMS (Amrita Institute of Medical Sciences): Ammas hochspezialisiertes Universitätskrankenhaus in Cochin, Kerala.

Amritapuri: Hauptsitz von Ammas Ashrams (in Kerala, Indien).

Amritavarsham50: Viertägige Veranstaltung für Frieden und Harmonie in der Welt, anlässlich Ammas 50stem Geburtstag im September 2003, in Cochin.

Arati: Rituelles Schwenken von brennendem Kampfer, verbunden mit Glockenläuten, am Ende eines Gottesdienstes. Es symbolisiert das Darbringen des Egos.

Archana: Bezieht sich gewöhnlich auf das Rezitieren der 108 bzw. 1000 Namen einer bestimmten Gottheit (z.B. das Lalitā-Sahasranāma).

Ashram (āśrama): Der Ort einer Lebensgemeinschaft, die nach spirituellen Regeln lebt; Wohnsitz eines oder einer Heiligen.

Atman (ātman): Das höchste Selbst oder Bewusstsein. Es bedeutet sowohl die höchste Seele, als auch die individuelle Seele.

Avadhuta (avadhūta): Ein Asket oder Heiliger, dessen Verhaltensweisen zuweilen soziale Normen überschreiten.

Bidi: Eine Zigarette, die aus trockenen Blättern gerollt ist.

Bhajan (wörtl. Verehrung): Spiritueller Lobgesang.

Bhava (bhāva): (Göttliche) Einstimmung oder Zustand.

Brahmachari (brahmacāri): Zölibatär lebender Schüler, der spirituelle Übungen praktiziert.

Brahmacharini: Zölibatär lebende Schülerin, die spirituelle Übungen praktiziert.

Brahmacharya (brahmacārya): Das Üben von Selbstkontrolle der Gedanken, Worte und Handlungen.

(der) *Buddha* (wörtl. „der Erwachte"): Hier ist der historische Buddha Shakyamuni gemeint.

CEO (engl.) Chief Executive Officer: Im englischsprachigen Raum die Bezeichnung für den alleinigen Geschäftsführer oder Vorstand eines Unternehmens oder den Vorsitzenden der Geschäftsführung oder des Vorstands.

Chai: Indischer Tee, mit Milch und Gewürzen zubereitet.

Chillum: Eine Pfeife aus Ton oder Porzellan, die zum Rauchen von Tabak oder anderen Drogen benutzt wird.

Darshan (darśana): Das Anschauen oder die Begegnung mit einer göttlichen oder heiligen Person.

Devi (devī): Die göttliche Mutter.

Devi- Bhava (devī-bhāva, wörtl. „Die Stimmung der Strahlenden"): Der Zustand, in welchem Amma ihre Identität mit *Devi* oder der Göttlichen Mutter enthüllt.

Devotee (engl.): Hingebungsvoller Anhänger oder Verehrer.

Dharma (dharma, wörtl. „das, was die Schöpfung aufrecht erhält" oder „das einer Sache Zukommende"): Gewöhnlich wird darunter die Harmonie im Kosmos verstanden. Weitere Bedeutungen sind: „Rechtschaffenheit, Pflicht, Verantwortung", aber auch „Eigenschaft, Einzelseele oder Religion". Neben Wunschbefriedigung, Wohlstand und Befreiung gilt dharma im Sinne ethischen Handelns auch als eines der vier Lebensziele.

Dhoti: Kleidungsstück, welches um die Hüfte gebunden und normalerweise von Männern getragen wird.

Ego: Begrenztes „Ich"-Bewusstsein, das sich identifiziert mit begrenzten Attributen, wie Körper oder Geist.

Guru: Lehrer, auch der spirituelle Lehrer.

Kalari: Der kleine Tempel, in dem Amma in den Anfangsjahren *Devi-Bhava* gegeben hat.

Karma: Handlung oder Tat. Ebenso die Kette der Wirkungen, die durch unsere Handlungen erzeugt werden.

Maha Samadhi (mahāsamādhi): Der Zustand, welcher eintritt, wenn alle Lebenskräfte aus einem erleuchteten Körper gewichen sind.

Mahatma (mahātma, wörtl. „große Seele"): Eine hinduistische respektvolle Anrede für eine spirituell erhabene Person. In diesem Buch bezieht sich der Ausdruck auf eine gottverwirklichte Seele.

Mala (mālā): Girlande oder Halskette.

Malayalam (malayālam): Ammas Muttersprache, die Landessprache Kerālas.

Mantra: Ein heiliger Klang oder eine heilige Formel, welche die Kraft hat zu transformieren.

Maunam: Schweigegelübde.

Maya (māyā): Illusion, Täuschung.

Om Namah Shivaya: Mächtiges Mantra, welches verschieden interpretiert werden kann, meistens wird es übersetzt mit: „Ich verbeuge mich vor dem ewigen verheißungsvollen Bewusstsein."

Pada Puja (pāda pūja): Traditionelles ehrbezeugendes Fußwaschungsritual für einen Guru.

Papadam: Sehr beliebte dünne, runde, knusprige Fladen aus Kichererbsenmehl.

Pitham: Ein heiliger Sitz, z.B. ein Stuhl.

Pranam (pranām): Eine respektvolle indische Form des Grußes. Die Handflächen werden vor der Brust aneinandergelegt, die Fingerspitzen berühren die Stirn.

Prarabdha Karma (prārabdhakarma): Der Teil des in früheren Leben geschaffenen Karmas, welches bestimmt ist, sich in diesem Leben auszuwirken.

Prasad (prasād): Gesegnete Opfergabe oder Geschenk eines Heiligen oder aus einem Tempel.

Pulisheri: Eine Soße aus gekochtem Joghurt mit Gelbwurz und anderen Gewürzen, die zu Reis gegessen wird.

Puja (pūja): Religiöses Ritual oder Gottesverehrung.

Raga (rāga): Er stellt die melodische Grundstruktur der klassischen indischen Musik dar, die auch eine bestimmte Stimmung ausdrückt.

Rudraksha: Samen eines Baumes, der vor allem in Nepal wächst und bekannt ist für seine medizinische und spirituelle Kraft. Der Legende nach bekannt als „Träne Shivas."

Sadhana (sādhana): Spirituelle Übungen, die zum Ziel der Selbstverwirklichung führen.

Sadhu (sādhu, auch Babas genannt): Bettelmönche und heilige Männer des Hinduismus.

Samadhi (samādhi): Die Vereinigung mit Gott. Ein transzendentaler Bewusstseinszustand, in dem man jeglichen Sinn für individuelle Identität verliert.

Sambar (sāmbār): Ein Pulver aus Chili und anderen Gewürzen, das mit Gemüse gekocht wird.

Samsara (wörtl. „Wanderung"): Der Kreislauf von Geburt, Tod und Wiedergeburt, dem jeder Mensch unterworfen ist, solange er in Nicht-Erkenntnis lebt und seine Identität mit Brahman nicht erkannt hat.

Samskara (wörtl. „Eindruck, Nachwirkung"): Eindrücke, Neigungen und Möglichkeiten im Bewusstsein, die durch Handlungen und Gedanken, (auch in früheren Geburten) entstanden sind. Die Gesamtsumme der Saëskàras, bildet den Charakter des Menschen.

Sanatana Dharma (sanātana dharma, wörtl. „ewige Weisheit"): Ursprüngliche und traditionelle Bezeichnung des Hinduismus.

Sankalpa, wörtl. „Absicht, Wille, Entschluss".

Sanyas (sannyās): Zeremonie, die formale Gelübde des Verzichts beinhaltet.

Sanyasin (sannyāsin): Jemand, der diese Gelübde abgelegt hat. Sie tragen orange Kleidung, um das Verbrennen aller Anhaftungen an die Welt zu repräsentieren.

Sanskrit (wörtl. „vollkommen, vollendet gemacht"): Alte heilige Sprache der Veden und der klassischen indischen Kultur.

SARS (Severe Acute Respiratory Syndrome): Schweres akutes Atemwegssyndrom.

Satsang (satsang, wörtl. „in Verbindung zum Sein (sat) treten"): Das Teilnehmen an spirituellen Erörterungen oder Hören von spirituellen Texten. Zusammensein mit Heiligen und *Devotees*.

Seva (sevā): Selbstloser Dienst.

Siddha Yogi (wörtl. „einer, der erfolgreich ist"): Jemand, der Selbstverwirklichung erreicht hat.

Sugunachan: Ammas leiblicher Vater (auch: Sugunanandan achan).

Swami (svāmi): Einer, der die Ordensgelübde des Verzichts und Zölibats abgelegt hat.

Tabla: Das wichtigste Perkussionsinstrument der klassischen nordindischen (hindustanischen) Musik.

Tapas (wörtl. „Glut, Hitze, Askese"): Anstrengungen, die zum Zweck der Selbst-Reinigung unternommen werden.

Tulsi, Tulasi: Heiliger Basilikum, eine Heilpflanze (lat. „Ocimum sanctum").

Unniappam: Eine, in Kerala, sehr beliebte Süßspeise aus Reismehl.

Vasana (vāsanā, wörtl. „Vorstellung, Verlangen"): Latente Neigungen unseres Gemüts. auch die Eindrücke der Dinge und Handlungen, die durch unsere Erfahrungen gespeichert sind.

Vedanta (vedānta, wörtl. „Ende der Veden"): Ein philosophisches System, welches hauptsächlich in den Upanishads beschrieben wird (auch in der Bhagavad Gīta und den Brahma Sūtras) und sich mit der Natur des Selbst beschäftigt.

Vibhuti (vibhūti): Heilige Asche, die Amma normalerweise als *Prasad* gibt.

Die Worte in Klammern sind die transkribierte Form des Sanskrit. Vokale mit Strich werden immer lang ausgesprochen. Die Punkte über oder unter den Konsonanten verändern die jeweilige Aussprache der Konsonanten.

www.ingramcontent.com/pod-product-compliance
Lightning Source LLC
LaVergne TN
LVHW051549080426
835510LV00020B/2926